COLLECTION FOLIO

Philippe Sollers

Le lys d'or

Gallimard

© *Éditions Gallimard, 1989.*

Philippe Sollers est né à Bordeaux. Son premier roman, *Une curieuse solitude,* publié en 1959, a été salué à la fois par Mauriac et par Aragon. Il reçoit en 1961 le prix Médicis pour *Le Parc.* Il fonde la revue et la collection *Tel quel* en 1960. Puis la revue et la collection *L'Infini,* en 1983.

Ce livre est un ouvrage de fiction. Toute ressemblance avec des personnages ou des faits réels — passés, présents ou futurs — serait donc le fruit du hasard.

Là, l'île des Bienheureux est rafraîchie par les brises océanes ; là resplendissent des fleurs d'or...

PINDARE

I

Premier rêve : je suis dehors dans l'herbe, à genoux, la tempête bat son plein, marée haute gris-vert agité du ciel et de l'eau, je continue à creuser, je m'écorche les doigts, je saigne. Depuis la maison, elle crie : « Simon ! couvre-toi ! ne reste pas comme ça, tu vas attraper la crève ! couvre-toi ! couvre-toi ! » Sa voix est emportée en rafales, je l'entends à peine, je dois absolument retrouver ce paquet enterré l'année dernière, je revois la double housse de plastique bleu, c'était bien là, à droite du laurier, pas très profond, personne n'a pu deviner l'endroit...

Deuxième rêve : je suis dans la chambre avec Marie. Quelque chose de terrible est arrivé à Paul, il est sans doute tombé dans l'escalier, son petit corps recroquevillé est là, sous les draps. Nous, les parents (nous, des parents ? quelle histoire !), sommes face à face, muets. La fenêtre est ouverte. C'est le grand beau temps de la mort.

Je me réveille en douceur, six heures de l'après-midi, le vent a cessé de souffler, ciel dégagé, jardin calme. Je me lève, je sors sur la plage. L'eau est montée pendant mon sommeil, comme un large geste à plat du paysage. Je sens mes yeux gonflés et piquants, chaque fois pareil en arrivant, effet immédiat de l'océan, regard difficile et rouge pendant deux jours. Ne pas les frotter, les yeux. Je regarde mes mains, il faudrait couper ces ongles, sourire. Les rêves reviennent à ce moment-là.

*

Je rentre, je téléphone à Paris pour entendre la voix de Paul qui vient de rentrer de l'école, je dis quelques mots à Marie, puis un verre de vin blanc glacé. Deux cauchemars ? Bon signe. Un message veut être transmis. Il faudrait appeler Reine, mais cela peut attendre. Quant à Leslie, elle doit être en vol, maintenant, quelque part dans un des fourreaux fumeux striant l'air. Xavier ? Encore au bureau, sans doute. Un autre verre, un autre goût d'algues. Le printemps a été long à venir — de plus en plus long depuis quelques années, m'a dit tout à l'heure Monsieur Wolf, le garagiste, en refermant sur moi la portière de la Land Rover — mais c'est parti, à présent, on peut espérer de beaux jours jusqu'en octobre, et je suis là pour ça : compter les beaux jours. Les oiseaux chantent dans le bois d'ormeaux, sur la gauche. A mon départ, à six heures du matin, un rossignol semblait célébrer, seul, le bleu-noir au-dessus des toits. Tout se confond, déjà, le trajet en taxi, l'avion, le bateau, la cérémonie de l'ouverture des portes — cette clé, non, cette autre —, les volets rabattus, les courses au village — épicerie, poissonnerie, pharmacie, tabac —, les rêves. « Un beau chaos. »

*

— Un roman ? a dit Leslie juste avant de s'embarquer. Pourquoi pas ? J'ai toujours pensé que vous pourriez en écrire un. Mais alors parlez de vous à la troisième personne, les gens s'identifieront mieux. Et puis de la psychologie, surtout, c'est ça qui marche !

Elle a eu son petit rire distrait habituel, elle pensait sans doute à sa soirée à New York... Elle arrive, il l'attend, ils dînent ensemble au *Café*...

Voyons :

« Premier rêve : il est dehors dans l'herbe, à genoux, la tempête bat son plein, marée haute gris-vert agité du ciel et de l'eau, il continue à creuser, il s'écorche les doigts, il saigne... »

Peut-être.

« Deuxième rêve : il est dans la chambre avec Marie. Quelque chose de terrible est arrivé à Paul... »

Non.

— Une année sabbatique ? (air faussement surpris et préoccupé de Delgrave, comme si j'étais déjà transparent)... Sabbatique ? Vous êtes sûr ? Tout change très vite en un an, vous savez... Enfin, si vous croyez...

« Il se réveille en douceur, six heures de l'après-midi, le vent a cessé de souffler, ciel dégagé, jardin calme... »

Peut-être, peut-être. Pas les mêmes volumes, pas le même temps... Mais je suis libre, non ? Il fait ce qu'il veut. Se parler à lui-même, se taire, dormir, écouter la radio, regarder la télévision, ne rien faire. Ne rien faire serait mieux. C'est ce qu'ils ont tous suggéré, plus ou moins. Ecoutez, on préférerait ne plus vous voir, c'est à vous de prendre la décision, évidemment, évitons les complications... Tenez, si vous pouviez disparaître d'un coup, sans bruit, sans conflit... Vous évaporer au loin... Mourir?... Non, pourquoi employer ce gros mot, quelle idée... Juste ne plus être là... *Du tout*... Vous êtes passé, vous avez décroché, voilà, parfait... On vous aime bien, mais vous avez fini, comment dire, par être un peu... trop... pas assez... vraiment trop...

« A son départ, à six heures du matin, un rossignol semblait célébrer, seul, le bleu-noir au-dessus des toits. »

*

J'ouvre le secrétaire, je sors le cahier bleu transformé dans le rêve en paquet enterré. Il est un peu gondolé par l'humidité de l'hiver qui a rendu, je m'en rends compte à l'instant, toutes les cassettes inutilisables... Pourquoi cette peur de le perdre, ce cahier? Il ne contient que quelques notes, des tentatives avortées, des fragments d'études... Rien de bien original ni de bien précieux. Et pourtant, il doit y avoir un détail, une entrée cachée... Un prénom? Une situation?

Reine, au téléphone (après récit des deux rêves) :

— Qu'est-ce que vous en pensez?

— Je suis en général à genoux quand je fais l'amour avec Leslie...

— Tiens.

— Je la pénètre sur le bord du lit. Elle est assise là, jambes écartées. Le scénario est constant. « Je la sers. »

— Vous la serrez?

— Je fais mon service. C'est son idée. Quand elle en a envie, je dois satisfaire son caprice. La baiser, la mettre, la foutre, lui donner tout mon foutre, à fond. Elle y tient.

— Toujours le même rituel?
— A peu près. C'est très bon.

Elle se tait un long moment. Et puis :

— Il y a quoi, dans votre paquet enterré?
— Un manuscrit, je suppose.
— Reprenez le rêve.
— Je suis dehors, à genoux dans l'herbe, la tempête bat son plein...
— Vous avez froid?
— Oui. Mais ne me dites pas que toute jouissance a ensuite sa contrepartie négative.
— Je n'ai pas dit ça.
— Mais vous le pensez.
— Je ne pense rien.

Silence, de nouveau. Son « je ne pense rien » est quand même un peu tremblant. Evident qu'elle en pense quelque chose! Evident! Evident!

— Le deuxième rêve?
— J'ai peur pour Paul.
— Votre fils?
— Oui.
— Quel âge, déjà?
— Neuf ans.
— Il a eu un accident?
— Oui, d'avion. A sept ans. Léger.
— De quoi avez-vous peur?
— Qu'il en ait encore un, justement. Plus grave.
— Dans votre enfance, vous êtes tombé dans l'escalier?
— Hallucination courante : je croyais voler, je roulais jusqu'en bas. Les autres m'entendaient pleurer. Pas moi.

Non, Reine n'est pas analyste... « Conversations spéciales »... Je vais expliquer pourquoi.

*

— Vous connaissez Leslie depuis longtemps ?
— Trois ans.
— Mariée ?
— Elle aussi. Mais tout cela ne nous mène à rien. Le prénom, en revanche...
— Oui ?
— J'ai découvert, il y a six mois, par hasard, que c'était celui de mon arrière-arrière-grand-mère. Une Irlandaise.
— Vous l'ignoriez ?
— Complètement. C'est arrivé en retournant un portrait à la campagne. Une assez jolie femme. Petite, forte, énergique, rousse. Personne ne m'a jamais parlé d'elle.
— Et alors ?
— Coïncidence, non ?
— Revenons à votre trésor enterré. Qu'est-ce que ça pourrait être d'autre qu'un manuscrit ?
— Trésor de guerre...
— De qui ?
— De mon grand-père maternel. Collection de monnaies anciennes. Plus des trophées gagnés au pistolet dans des tournois, des concours, des galas...
— Pour les tireurs d'élite ?
— Je pense.
— Vous en êtes un ?
— Il paraît.
— Qu'en pense Marie ?
— La femme de mon grand-père s'appelait Marie.

— Et le nom de Leslie, donc ?
— Femme du père de la mère de la mère de ma mère.
— Vous êtes sûr que personne ne s'appelait Reine dans votre généalogie ?
— Pas pour l'instant.
— Arrêtons.

*

C'est ma première soirée ici depuis longtemps. J'ai dîné seul dans la bibliothèque, huîtres, fin de la bouteille de vin blanc, la maison a été vite cernée par l'obscurité, le jardin s'est chargé de taches plus sombres, les lumières de la côte ont commencé à sortir de l'horizon, toutes ensemble, comme si elles suivaient le phare lancé en éclaireur... J'avais oublié la profondeur de ces nuits d'avril, air mouillé, noir brillant, regard direct dans les étoiles, espace rouvert partout... Deux chauves-souris au radar, j'ai été marcher sur la plage, marée basse, pas un bruit, tapis dur et frais, pieds nus. Le bateau de l'île flottait, comme d'habitude, il ne m'avait pas attendu pour suivre son cours. J'ai senti les odeurs, leurs golfes, je pourrais me diriger d'après leurs signes furtifs, le champ de fenouil en bord de mer, l'appel du laurier, là-bas, derrière les acacias et les pins...

Je suis revenu, j'ai rappelé Reine.
— Voilà, je suis installé.
— Très bien. Vous êtes content ?
— Je ne sais pas encore.
— Bon. Vous me direz.
— Et vous, ça va ?
— Mais oui.

— Je peux vous appeler de temps en temps ?
— Si vous voulez.
— Le soir ?
Elle attend un peu.
— Le matin, plutôt.

Huit mois, donc, que je suis vraiment accroché par elle. « Amoureux ?... » Sans blague... « Moureux... » Mouac, mouac... Ça n'aurait pas dû arriver. Comment ? Pourquoi ? Insensiblement. Pour changer. Place au ridicule. Le diable fixé. Le philosophe saisi par la grâce. Le loup moutonnant. Le trapéziste vidé par le trac. Je pense à Reine, à son corps mince, tendu, fermé à double tour, malade. « Un peu souffrante. » La souffrance est un soufre qui attire malgré soi. On a envie de douleur... Non ! Non !... Et pourtant si... Je suis le savant sérieux, je ne dissimule pas les expériences.

La première fois que je l'ai vue, pas beaucoup d'effet, l'éternelle histoire. Une sorte de répulsion, plutôt, on connaît. Elle achetait un objet chez un antiquaire, rue du Bac. J'étais entré par hasard, après un rendez-vous, tout près. L'objet en question m'avait attiré en vitrine : un lys d'or, soixante-dix centimètres environ, élément dix-septième, sans doute, dans une église, d'une Annonciation sculptée. Un ange de bois peint incliné avait dû le tenir de la main gauche pendant deux siècles, et il se retrouvait là, entre un buste grec et une tête de Bouddha, derrière le reflet mouvant des voitures, insolite, brillant, souple, rigide, offert au passant ou au promeneur.

— Madame est en train de se décider.

Le vendeur m'entraîne à l'écart, m'indique le prix à voix basse en sachant déjà que je vais dire non, elle vient droit sur nous :

— Je le prends.

Ce « je le prends », je ne suis pas près de l'oublier. Lèvres serrées, pas un regard vers moi, mains collées à son sac... J'ai attendu dehors, je l'ai suivie, elle a accepté aussitôt, à ma grande surprise, de prendre un verre avec moi, et voilà. C'est-à-dire, au bout d'une dizaine de rendez-vous, le contrat. Je lui raconte, elle écoute, mais pas question d'autre chose. « Comme en analyse ? » Oui, mais à l'envers. *C'est elle qui paiera.* Quand ? Chaque mois. On vient de commencer, ce qui signifie que je dois aussi écrire ce livre pour elle. Pour elle seulement. Il ne doit pas être publié. Pièce de collection privée. On verra.

*

Elle ne s'est laissée aller qu'une fois, Reine, alors que je la raccompagnais chez elle, après un dîner... Septembre, orage violent, le parc Monceau, à deux pas, balayé par le vent, les éclairs... J'ai loué une chambre quelque temps en face du musée Cernuschi avec ses deux dragons chinois jaunes et noirs, j'aime ce quartier, c'est le sien. Je m'étais garé à cent mètres de chez elle, il fallait bien attendre la fin du déluge, quelques regards de biais, puis sa joue, puis ses lèvres, et enfin sa respiration et sa langue, tout. Une surprise. Elle s'est mise à me mordre par petits coups secs, assez fort, comme si elle voulait me marquer la bouche, j'avais mal le lendemain matin, d'accord pour toucher un peu les seins, mais pas plus bas, j'étais soufflé. Et la pluie furieuse sur le toit, le pare-brise, le capot noir. Pas question d'enchaîner, donc, morsures et silence, et elle ouvre la portière, « à bientôt ! ». Ce soir-là, j'y ai cru tout de même. Je me suis couché et réveillé dans un frisson de joie. Mais Reine, deux jours plus tard : « N'en parlons plus, voulez-vous ? » J'aurais dû m'en douter. D'accord, n'en parlons plus, mais parlons-en, ne parlons même que de ça. Je ne lui plais pas ? Mais si, les coups de dents, à d'autres. Je reste sur sa bouche ouverte. Je l'ai eue, c'est évident, je ne l'aurai jamais mieux. Quelle salope. Tu perds la tête. Tu te montes la tête tout seul et puis tu la perds. Coinçage entre toi et toi. Elle est là par hasard, c'est tout. Elle ou une autre. Tu en riras dans un an. Mais, pour l'instant, c'est ainsi : le tunnel. Reine chérie, reine de pluie et de nuit, je sens ton corps refusé dont tu m'as dit une fois qu'il était « paysan », solide. Tes cuisses de nageuse, puisque tu nages bien, tu m'as confié ça aussi, et rien n'est pourtant plus éloigné de toi, en apparence, que l'été, le sable, la détente après les vagues, l'essoufflement trempé dans le sel... Le corps et le nom ensemble, comme l'air et l'eau, la fumée et le feu. « Madame de Laume ? Elle est absente pour une dizaine de jours, monsieur. Elle a pris l'avion hier. Quand ? En fin de matinée. Pour où ? Mais je ne sais pas. Oui, à Roissy 2. » Est-ce que tu referais ça aujourd'hui, la course de trois quarts d'heure en taxi, simplement pour aller voir *avec ses yeux* les tableaux jaunes sur fond noir, le scintillement électronique : 10 h 20 : Bahreïn — Abu Dhabi — Dubaï ; — 10 h 30 : New York — Washington ; — 10 h 40 : Anchorage — Tokyo — Séoul ; — 10 h 50 : Damas — Amman ; — 11 h : New York ; — 11 h 35 : Naples ; — 11 h 50 : Riyad — Doha ; — 12 h 10 : Houston — Mexico ; — 12 h 15 : Karachi — Delhi — Bangkok — Hô Chi Minh-Ville ? Les zones d'enregistrement, les contrôles, les portes, et, au loin, les Boeing, les cales,

les escaliers en mouvement, les camions pressés de Servair? Non, tu ne le ferais plus, c'est dans les débuts, ce genre de délire. Qu'elle soit à Dubaï, à Washington ou à Bangkok est le moindre de tes soucis. Reine de Laume. Elle se couche, maintenant. Elle lit un peu. Quoi? Un de ces romans anglais bien bouclés qu'elle aime. Impossible de la rejoindre dans un roman anglais.

*

Tout de suite à l'hôpital, à Londres... « Non, non, presque rien, freinage en bout de piste, un réacteur en panne, quelques contusions, examens quand même »... Pablo, Paulo, Pauletto, Pablito... « Ce n'est rien »... « L'encéphalo? — Correct. » Marie est assise à côté de lui : « Il avait mal attaché sa ceinture, il a valsé au-dessus des sièges. » Il est allongé, il dort, il a son pull bleu ciel...

— Monsieur Rouvray?
— Oui.
— C'est votre fils?
— Oui.
— Il en sera quitte pour la peur. Vous êtes bien Simon Rouvray, le spécialiste de l'histoire des religions? Ma femme a été une de vos élèves, à Paris, au Centre.

Trente ans, petit, brun, blouse blanche... Il insiste :
— Finalement, vous avez un système préféré?
— En métaphysique?
— Oui... Le taoïsme?
— Plutôt. Mais ce n'est pas un système... Il n'a rien?

— Rien du tout. Peut-être un léger traumatisme, ce sera vite oublié. Comment s'appelle votre livre, déjà ?
— *Le Temps Infini.*
— Voilà.

Douce respiration sous perfusion, tuyau dans le nez, front blanc...

— Ma femme est chinoise...

Je tiens la main de Marie. Ils n'iront pas cette fois à Rome où je devais les rejoindre, ce printemps-là. J'ai encore dans ma poche le petit avion de la British Airways que Paul m'a donné avant leur départ : « Prends-le, comme ça tu restes avec nous. » Je le pose sur la table à côté des roses. Gentil, ce toubib. On les a invités à dîner, lui et sa femme chinoise dont je me souvenais vaguement ; appliquée, pas jolie... On a parlé de T'ao Yuan-ming, cinquième siècle...

« J'ai bâti mon refuge dans la sphère des humains,
La ville est pour moi sans tumulte.
Cela vous semble impossible ?
Pour l'esprit détaché, tous les lieux sont lointains... »

*

Souen Tch'ouo (314-371), dans sa Promenade aux *Terrasses du Ciel,* dit que le massif qui porte ce nom est « la fleur magique des montagnes sacrées ». Il s'enfoncerait dans la mer, pour rejoindre sur terre la chaîne des monts Sseu-ming. Je le comprends : une île, même plate, est un morceau de montagne, la solitude est identique à mille mètres d'altitude ou au milieu de l'eau. Dans les deux cas, l'esprit aime jouer à dedans-dehors, à panorama-effacement, à détail-illumination, et le reste. Il y a longtemps que je voulais me retirer ici, sentir le temps passer et repasser dans ses fibres. Quant à Jouan Tsi (210-263), dans un de ses *Chants des pensées,* il parle de ce lieu privilégié comme étant à la fois l'observatoire astronomique de l'Antiquité et le cœur-esprit selon Tchouang-tseu : « La Terrasse magique a un directeur que nul ne connaît, si bien que nul ne peut la diriger. »

Leslie : « Vous tout seul là-bas ? Vous ne tiendrez pas dix jours. »

Marie : « Reviens quand tu veux. »

Mag Wolf, la fille du garagiste, arrive le matin à onze heures, ménage, préparation du déjeuner froid. Elle sera là de nouveau, une fois sur deux, en fin d'après-midi, pour le dîner. « Vous n'avez besoin de rien ? — Non. — A demain. »

Je suis allé regarder la marée, les vagues, la houle, l'écume — mais chaque mot, en moi, tombait en deçà du mouvement, soleil allégé, corps lourd. J'ai découvert que je ne savais plus ni parler ni écrire. Un type seul, dehors, dans le vent, en train de marmonner, abruti.

Retour, et café dans la cuisine.

Le déclic qui a décidé de tout avec Reine ? Quand elle est allée aux toilettes dans ce café où nous étions entrés par hasard, sur les Boulevards. Je l'ai suivie, la cloison était très mince, j'ai entendu le léger bruit, quelques gouttes, ni vu ni connu, brusque abîme entre image et son, ça s'est décidé comme ça, électricité, chute libre. A quoi tient la passion, n'est-ce pas. « Qu'est-ce qu'il y a ? Vous n'êtes pas bien ? — Si, si, mais allons marcher. » C'était juste avant la voiture. J'ai dû l'effrayer avec ma faim sous la pluie. Reine, vous lisez ces pages, c'est vous qui savez, après tout.

Boulevard des Italiens, vous vous souvenez ? Non ? Dommage. Oui ? Merveilleux.

Les rêves de cette nuit : d'abord, « l'assemblée ». Une torture à mort devant le tribunal. Le type en prenait plein la gueule, du sang partout, tête en charpie, pansements arrachés, coups sur d'anciennes blessures, boucherie. Comment peut-il vivre encore ? Casemate, murs, projecteurs, crâne défoncé, calotte enfoncée, cerveau à vif. Il tombe d'un côté, de l'autre, comme un mannequin de son. Les observateurs-juges ont des robes noires, chapeaux florentins, on est de tout temps. Eh bien oui, il va vivre. Je me demande comment.

Ensuite : la main, ma main. Piqûres sur piqûres par un médecin bienveillant, qui m'assure que c'est pour mon bien. L'ennuyeux, c'est qu'il n'arrive pas à arrêter l'hémorragie qui s'ensuit. Linge sur linge, bouillonnement. Je cours avec mon moignon jaillissant. C'est ma veine.

Voilà en somme deux visions d'enfer, chérie. J'espère qu'elles vous ont plu, qu'elles vous *attendrissent*. L'interprétation est simple, mais nous sommes d'accord : tableaux vivants avant tout. Souffrir pour ma Reine ! Encore ! Ne me dites pas que je ne vous offre pas un roman direct, étonnant, *nouveau* !

*

— Simon, m'a encore dit Leslie, vous êtes impossible. Vous me plaisez, mais vous devriez laisser tomber votre Centre et toutes ces foutues recherches érudites sur des illuminés à travers les siècles. Vous en avez assez, ça se sent. Votre cours vous ennuie. Vous y auriez renoncé depuis longtemps sans vos petites étudiantes.

— Mais non...

— Et je sais lesquelles, figurez-vous : Tania, Odile, la Chinoise, la Brésilienne dont j'ai oublié le nom...

— Elles ont besoin de moi...

— Tu parles! Votre *Temps Infini* s'est vendu?

— Ce n'était pas l'objectif.

— Alors venez me baiser et n'en parlons plus. Heureusement que vous n'êtes pas séropo. Mais conservez-vous intact, hein, ne traînez pas n'importe où.

— L'autre soir une fille a voulu m'enfiler un préservatif.

— Non?

— Si. Je l'ai retrouvée, après les préliminaires classiques, en train de fouiller dans son sac, et puis elle a voulu m'ajouter sa gomme. Vous savez, *Durex*, en vente dans toutes les bonnes pharmacies, deux pigeons sur la boîte s'aimant d'amour tendre. Durex! Dura lex, sed lex! Elle n'arrivait pas à l'ajuster, fou rire. On s'en est tenus là.

— Ça vous a fait débander?

— Plutôt.

— Vous en aviez envie?

— Sans plus. Après tout, la pénétration n'est pas obligatoire.

— Comment était-elle?

— Grande, blonde, enveloppée, cheveux longs. Se trouvant très belle, persuadée que l'acte au moyen de l'autre se déroule entre soi et soi, tragédie classique, unité de lieu et d'action, fusion et dénouement, romantisme et hygiène. La jeune femme d'aujourd'hui, quoi. Et, bien entendu, en analyse.

— Dans son idée, elle prenait des précautions pour vous ou pour elle ?
— Sait-on jamais.
— Moi, je vous fais confiance. Et vous ?
— Evidemment. Remarquez, les choses vont vite. Vous avez vu l'affaire des Philippines ?
— Non.
— Ecoutez : « Une femme enceinte, aux Philippines, a drogué son amant et lui a coupé le pénis, parce qu'il souhaitait qu'elle se fasse avorter. Rogelio Mejes, homme d'affaires de trente-cinq ans, s'est disputé dimanche soir à ce sujet avec son amie âgée de vingt-deux ans. Quand il s'est réveillé, lundi matin, dans un motel de la banlieue de Manille, sa compagne et son pénis avaient disparu. Avant de s'enfuir, elle avait écrit, avec son sang, sur les murs de la chambre : " Je t'aime ", et laissé une lettre lui confirmant qu'elle ne se ferait pas avorter. »
— Pas mal. Freudien cent pour cent ?
— Deux cents. J'aimerais bien interviewer ce couple modèle. J'espère qu'il reconnaîtra son enfant, qu'elle le fera baptiser, et que le pénis sera exposé comme emblème du sursaut vital de nos sociétés. Il mériterait même un sanctuaire ou un pèlerinage. Ah, l'amour...
— Qu'est-ce que vous savez de l'amour ?
— Si je vous disais...

*

Mais je n'ai rien dit, Reine, vous pouvez me croire. Leslie Reynolds ne comprendrait pas. Elle représente tout ce que vous devez détester, comment appelez-vous ça déjà, oui, le « dévergondage ». Quel mot délicieux ! Et dans votre bouche pincée riant à moitié ! Comme j'aurais voulu l'embrasser, ce mot, gonflant vos lèvres ! Retourner vos petites dents du devant trop rapidement goûtées dans la nuit ! Vous êtes sûre que vous ne voulez pas un enfant ? Ce serait quand même autre chose qu'un livre ! Non, Leslie ne comprendrait pas. Elle me trouverait aussi fou que vous, mais pour des raisons opposées aux vôtres. Tant pis, tant pis... Cet après-midi, j'ai arrangé ma cabane, au fond du jardin. Quelques piquets, des planches, des feuillages : je vais méditer là tous les jours. Je vous dirai. Je vous dis tout, c'est promis. Puisque c'est la seule façon dont vous voulez entendre parler de moi. Comme j'aime que vous ne m'aimiez pas ! Comme j'approuve votre dégoût pour moi ! Comme cela m'excite ! J'ai lu, je ne sais plus où, cette phrase de Saint-Simon : « Il y a des choses que le temps efface, et d'autres que le temps imprime de plus en plus. » Je suis imprimé par vous, voilà... « Simon, vous êtes fou. » De vous, Reine... Mordu... Je sens votre froideur tellement plus proche du désir que l'appétit de Leslie... Tout l'un ou tout l'autre. Le vice ou la vertu. Ou encore la vertu — grâce à vous, je m'en aperçois — comme comble du vice ? Il faut l'admettre : j'ai fini par préférer les moments avec vous où il ne se passe rien, et cependant pas rien, légère courbure, millième de millimètre, vous avez raison, renonçons, différons, c'est mieux, c'est meilleur. A ma grande honte, Reine, je ne peux pas éviter de penser à vos plaisirs solitaires quand j'entends votre voix. « Même pas. » Leslie, elle, dirait que vous êtes une vraie hystérique, bien claire, bien tordue... « Même pas, même pas »... Eh oui, m'aime pas. Vous ne vous aimez pas, vous n'avez jamais aimé personne, d'où vient donc votre séduction ? Mais de là, justement. Moi non plus, je ne vous aime pas, Reine, c'est d'ailleurs la raison pour laquelle je vous aime. La raison a son cœur que le cœur ne connaît pas. Comme tout cela est bien dit, marquise ! Troubadours et amour courtois, intermittences du sentiment, carte du tendre, et toute la bibliothèque. « Oui, il y a une quelque chose des Laumes, *des*, pas *de*, chez Proust, une princesse, je crois »... Continuons dans les fleurs, belles corolles de la haine-amour. Vous parlez, je commence à bander doucement. « Délices de la castration », dirait mon collègue du département psy, au Centre. Pour celui qui s'occupe des gnostiques, vous seriez un démon femelle comme on en rencontre rarement (mais alors c'est le grand jeu, paraît-il)... « Vous avez vu *Les Anges du péché* ? C'est très bien... » Pas besoin de beaucoup d'imagination, en effet, pour vous voir en religieuse, pâle, droite, pleine d'odeurs disparues, habitée du dedans par un regret éternel, et pourtant brûlante et voluptueuse, à ce point double que votre visage, vos yeux, ont l'air surimposés à un autre visage, à d'autres yeux, vous me faites apprécier la peinture cubiste, il ne manquait plus que cette plaisanterie, moi qui n'aime que la statuaire grecque et Raphaël... « Rouvray, votre dernier séminaire était sinistre. Vous êtes malade ou quoi ? » Ça, c'est Delgrave, le patron du Centre, soixante-quinze ans, spécialiste du Testamentaire... Il ne peut pas supporter la Chine, son vide rempli, son bleu et blanc, ses flottements, ses raffinements... Je ne pouvais pas lui répondre que je n'avais parlé que de vous en commentant des poèmes Tang. Une ombre dans le pavillon, c'est vous. L'écaille d'un peigne, c'est vous. Et le clair de lune sur l'étang, vous encore. Ce qui fait que je peux réciter les vers sur tous les tons comme si leurs sonorités flexibles — le jonc du chinois! — suffisaient à transmettre à mes auditeurs les visions qui s'en dégagent, tantôt très précises — votre nez droit, votre menton rond, votre main droite quand vous la tendez sans l'offrir —, tantôt plus floues — vos jambes dans ce pantalon noir, bon dieu, quand porterez-vous une jupe? Vous l'avez fait exprès, avouez-le, quand vous avez consenti à monter une fois jusqu'à ma chambre de travail : je vous attendais le cœur battant, le champagne était au frais, les rideaux sur le point d'être tirés, quand vous êtes apparue en jean et baskets, et, en plus, avec des socquettes écossaises — écossaises! Un verre d'eau! Rien d'autre! Et les jambes en lotus sur le canapé effondré! Imprenable et même pas distante, enjouée, je ne sais plus ce que vous avez raconté, peut-être encore une de vos histoires de théâtre (apparemment, vous passez votre temps dans les « premières » de pièces d'Europe centrale, vous allez regarder des décors *en banlieue,* vous n'acceptez que la poésie russe, si, si, ne le niez pas!)... Vous, Reine de Laume! Immergée dans la haine de soi! Tout acquise à Vienne et à Prague, à Trotsky, à Schnitzler, à Akhmatova, à Tsvetaïeva! Dont vous relisez peut-être en secret, le soir (je parle de cette dernière), les allusions saphiques, les tendresses de loin pour des boucles brunes, les sourires désolés et profonds! Votre compte en banque, votre magnifique appartement avec des Monet, des Sisley, votre père ambassadeur et membre du Jockey-Club, votre grand-père de l'Institut — et le jean, les socquettes écossaises! Et les soirées à Nanterre ou Aubervilliers, à travers les traductions! Le tout avec les émois des premières patientes du gourou des spectres, les désarrois de Dora, les injections à Irma !

*

Il a plu toute la journée. Ce que j'aime, dans les orages d'ici, c'est leur lenteur condensée, ils s'en vont comme ils sont venus, avec majesté, l'air se réchauffe en dix minutes, le gravier brille, les roses sont les plus reconnaissantes, elles donnent de l'intérieur leurs couleurs. Je pense au manuscrit de mon rêve, enterré à droite du laurier. J'imagine qu'il est écrit dans une langue inconnue, clous sumériens, carte perforée mésopotamienne, je l'apporterais à Xavier au département d'archéologie, je lui demanderais de le déchiffrer... Il serait plein de cochonneries incompréhensibles. Maintenant, je revois notre dernière conversation chez vous, rue Rembrandt. Vous êtes assise dans le grand fauteuil grenat, bien habillée, cette fois, vous avez même mis du rouge à lèvres, ce qui vous donne l'air d'une poupée kabuki. Vous vouliez des précisions sur Marie, sur Paul, sur Leslie. Comment je me suis marié, pourquoi ; ce que je ressens comme père ; que signifie exactement mon arrangement érotique avec « Madame Reynolds ». « Vous m'écrivez tout ça ? » Le lys d'or était sur une table basse, à votre gauche. Nous venions de signer notre étrange contrat.

« Entre : Madame Reine de Laume, 5 rue Rembrandt, 75017 Paris,

et Monsieur Simon Rouvray, 10 avenue de l'Observatoire, 75005 Paris ;

il a été convenu ce qui suit :

Monsieur Simon Rouvray s'engage à écrire pour Madame de Laume un récit de sa vie, de ses idées, de ses fantaisies, aussi libre qu'il le désire. Cet ouvrage, qui ne peut pas être inférieur à cent pages dactylographiées, devra être terminé dans les deux ans à compter de la signature du présent accord.

Le titre en sera : LE LYS D'OR

Pendant la réalisation dudit ouvrage, Madame de Laume s'engage à verser tous les mois à Monsieur Rouvray la somme de (ici, le double de mon salaire au Centre, en dollars).

Il est convenu entre les parties que ce manuscrit original restera la propriété exclusive de Madame de Laume. Monsieur Rouvray n'en prendra aucune copie, et n'en fera aucun usage, ni privé, ni public. Madame de Laume se réserve le droit — elle ou ses héritiers — d'en faire don à qui elle voudra.

Madame de Laume pourra, à chaque instant, intervenir dans la rédaction de l'ouvrage pour demander un supplément d'information sur tel ou tel point. Monsieur Rouvray lui transmettra donc son récit toutes les vingt pages environ.

L'auteur adoptera la forme qu'il veut.

Il ne parlera de ces dispositions à personne.

Madame de Laume s'engage à ne pas vendre l'ouvrage, ni à le publier (sauf nouvel accord à définir). Elle le garde dans ses biens propres comme un objet d'art.

Ce contrat établi en trois exemplaires — deux pour les parties concernées et un en dépôt chez Maître Retz, 33 *bis* boulevard Malesherbes, 75017 Paris — prend effet immédiatement.

A Paris, 5, rue Rembrandt, le 1er novembre 1986. »

Et le premier chèque.

Le jour de votre anniversaire : vingt-huit ans.

J'étais à sec, vous savez.

*

Je ne connais pas votre futur mari, Reine, je ne le connaîtrai probablement jamais, je sais seulement que vous avez un « ami », vous avez dit « amant » une fois, en vous reprenant aussitôt, ce doit être lui, celui qui va vous épouser et vous faire un enfant dans les mois qui viennent. On se comprend. C'est avec moi que vous vous mariez, d'une façon un peu sophistiquée, soit, mais très claire. C'est d'ailleurs la raison pour laquelle vous ne voulez pas faire l'amour. « Je n'aime pas mélanger » — c'est votre formule. En effet. On peut difficilement trouver plus fou, mais vous êtes folle, je suis fou, vous avez les moyens, c'est splendide. Roman policier. Vous êtes une salope inouïe, c'est-à-dire quelqu'un de très pur. J'ai bien écouté votre rire, à la signature, un coup fourré de petite fille, vous êtes aussi très clown, quand vous n'avez pas votre visage de jugement dernier. Je suis sûr que le fait que je vive maintenant *avec votre argent* vous donne des sensations de cul, des frissons de sécurité risquée. Je me confesse. Je dis ce qui me passe par la tête. J'associe. Vous ne pouvez rien retrancher de ce que je dis, et d'ailleurs vous ne le voulez pas. Je vais devenir ce que je vous avoue, mais quel jeu de puissance! J'attends le moment où vous me donnerez ma mensualité *en liquide,* je sais que vous y arriverez. C'est un peu les *Mille et Une Nuits,* notre truc, non? J'ai bien envie de parier que vous serez enceinte dans les dix-huit mois, mais je me trompe peut-être? A moi de jouer. Le début vous plaît? Les rêves? Mon malheur discret? Ma retraite chinoise? Ma solitude monastique, mes aspirations mystiques ? Les commencements de révélations sur ma vraie vie ? Vous m'avez fait l'honneur, en quelques heures de discussion, de me trouver intéressant, croyez bien que j'y suis sensible, vous qui connaissez tout Paris, tout New York, la classe politique, les financiers qui comptent, les intellectuels à la mode, les journalistes de télévision influents, les cinéastes, les acteurs, les actrices. Il faut bien, désormais, que j'achète les magazines (si Delgrave me voyait!) pour suivre vos évolutions intermittentes sur papier glacé dans les « fêtes », les « réceptions », les « carnets ». Mettez tout de même une de ces robes pour moi, un jour, tenez, celle que vous portiez à Venise, pour la Biennale... Et puis les bijoux, si j'en crois cette photo scintillante que j'ai découpée avant de partir, à l'aéroport (je la regarde encore une fois, pendant qu'une mouette pique dans l'eau grise). Je vous préfère en jean, soyons sincère. Vos légères fesses y sont mieux. Je suis vulgaire ? Ne me dites pas que ce n'est pas *ça* que vous vous êtes payé. Oui, on se comprend. On s'aime. Je vais aller marcher sur la plage, il fait de nouveau très beau. Relisez une fois encore notre contrat, Méphisto.

*

Je vois le film. Vous avez dû être une fillette adorable, dans votre grand château de Touraine, un peu en ruine, comme il se doit. Votre mère fait deux enfants au Marquis sans s'en apercevoir (votre analyse tourne autour de ce trou de mémoire : au fait, la continuez-vous ? oui ? que de frais !). Votre frère aîné disparaît à l'âge de trois ans d'une pneumonie. Maman vit dans sa mélancolie frigide, vous êtes élevée par une nounou fidèle et butée. Votre père, avec vous, franchit assez vite les limites, à dada sur le cheval de bon papa, il a tant mangé de blé que son nez est tout pelé, et la suite, plus ou moins poussée, selon les dimanches et l'ennui. Il est pauvre, il a des ennuis de toitures, il meurt. Vous avez treize ans. Votre mère se laisse remarier par ses sœurs à un homme d'affaires mexicain rêvant de désinfecter son pétrole au moyen d'une particule française. Vous voilà milliardaire. Votre beau-père vous adore. Le château est vite flambant neuf. Mais restons un instant sur votre fantasme principal : un visage souriant, familier, tourne tout à coup vers vous une grimace effrayante. C'est un poncif de la séduction précoce, Reine, vous l'avez sans doute découvert ? Votre névrose n'est pas compliquée. N'empêche que j'aimerais savoir comment vous êtes, en action : à mon avis, dans le genre endormi, plutôt de dos et la nuit, comme s'il ne se passait rien, ou le moins possible. Vos maladies ? Des rhumes, des angines à répétition, un déluge permanent et mal ravalé de rhinites et de sinusites, ce qui vous donne souvent l'air d'une plongeuse à peine remontée de sa piscine, des yeux pleurant pour un oui, un non. Vous êtes donc à la fois très sèche et très humide, mais comme chez vous tout est double, ces deux circuits ne semblent pas communiquer. Même observation pour l'expression sérieuse, « profonde » — désespérée et morale — la morale dans votre petite gueule angélique est la source de votre charme — et votre sourire gentil, ouvert, de comique professionnel — vous êtes à la fois la marquise toujours sortie à cinq heures et la soubrette d'une pièce du dix-huitième, engoncées toutes les deux dans l'uniforme bovaryen, maternel et obligatoire, auquel vous avez ajouté (c'est votre apport moderne) le deuil Mitteleuropa. Est-ce que vous êtes vicieuse ? demande l'éventuel lecteur, excédé. Oui. D'une cruauté détachée, appliquée, grinçante. On voit ça dans vos narines, et surtout dans la droite, si vous voulez tout savoir. Vous êtes noire et blanche, mais votre blancheur est encore noire. Je passe sur la finesse cocaïnesque de vos traits, sur le fait qu'après ce que je viens de dire vous devriez être maigre — *mais vous n'êtes pas maigre* —, petits poignets, cuisses fermes, seins coussinés (ma tête sur eux, un instant, dans la voiture !). Cruelle contre vous-même et votre milieu, farouchement anticléricale (papa à la messe, on sait où ça va !), vous auriez été, dans les années vingt, n'étaient votre apathie et vos rhumes, une bonne correspondante du mouvement révolutionnaire, mais en réalité vous n'êtes bien qu'au lit, en train de dormir. Vous avez mauvaise mine le matin, vous êtes souvent piteuse et livide — surtout quand vos cheveux sont sales — et puis, on ne sait pas, vous vous illuminez, vous flambez. Qu'est-ce que j'ai envie de soigner votre rhume chronique ! De vous opérer moi-même des amygdales et des végétations (c'est fait, mais sans résultat apparent). De m'occuper de vos *cornets* ! De votre cornette ! De régler vos fumigations ! De vous alimenter en soufre, en phosphore ! D'allumer votre feu, de vous sécher, de vous changer en brasier ! Quelle fumée, au début ! Toutes ces plantes vertes ! Ce *yin* vénéneux sur votre *yang* inhibé ! Vous êtes une rivière au bas du pré spongieux. Cachée sous les feuillages, glaciale. Peu profonde et sans fond. Pleine d'écrevisses (autrefois). De cailloux (à présent). Vous avez pris froid très tôt, voilà. Et si nous allions au cimetière ? Sur la tombe de votre père ? Quand ?

*

— Et Leslie? Votre femme?

(Vous êtes enrhumée, protestation contre la séance physiologique du week-end.)

— Par laquelle commençons-nous?
— Leslie. Vous inventez.
— Pas du tout. De même que je suis sûr — absolument — que nous aurions, vous et moi, une entente parfaite — et d'ailleurs, nous l'avons, en un sens —, de même Leslie représente pour moi quelque chose de très rare : le maximum de jouissance dans le minimum de temps. Je préfère ne rien faire — la preuve — que de perdre du temps dans ce genre de chose. Vous aimez Hemingway?
— Ah non.
— « Nous ne voulons pas des filles bien, dit Willie. Nous voulons des putains. Des putains jolies, propres, séduisantes, intéressantes et pas chères. Qui sachent baiser. »
— Inaudible.
— Peut-être, mais c'est comme ça. Elle sait ce qu'elle veut, moi aussi, ce n'est pas pareil, sans doute, mais presque. La philosophie du presque est la mienne. Le malentendu, soit, mais comme s'il n'existait pas.
— Qu'est-ce qu'elle veut?
— La même chose que vous : l'illusion de dominer un mâle.
— Ça vous arrange? Vous êtes masochiste?
— Peut-être. Mais ça la fait jouir plus vite et c'est quasiment gratuit. Alors que si je jouais au mâle

souverain et dominateur, on irait de rebondissements en rebondissements, ce serait la Bourse.

— Elle ne vous paye pas ?
— Presque.
— Vous l'avez connue où ?
— A Los Angeles, chez des amis. J'étais là pour un congrès de sinologie. Une communication sur Lieou Ling, 221-300. Vous voulez un poème ?
— Allez-y.
— « Pour le maître parfait
Ciel et Terre ne durent qu'un matin
Les dix mille temps, un seul instant.
Soleil et Lune sont ses fenêtres,
Les huit déserts forment sa cour.
Ses pas ne laissent nulle trace,
Nulle part il ne demeure.
Plafond du ciel, tapis de la terre,
Il suit son bon plaisir.
Son repos : saisir la coupe.
Son mouvement : vider la cruche.
Le vin est son seul travail ;
Il ne sait rien d'autre. »
— Je suppose que vous trouvez que ça va très loin ?
— Ah non, tout près, au contraire. Chaque vers demande un commentaire assez long. Bref, Leslie était là, entraînée par un ami snob. Elle en a conclu que j'étais pour elle. A condition que je fasse le contraire de ce qui est préconisé par la technique taoïste élémentaire, rétention du sperme en vue de l'immortalité.
— Vous voulez dire qu'elle veut vous mortaliser ?
— A mort. Mais ça lui plaît, rien à dire, et, moi, ce qui lui plaît me plaît, parce qu'elle me plaît.

— Rien ne vous plaît jamais *pour vous*? Je veux dire : *d'abord*?

— Non. Ma pente naturelle est le repos. Je vous ai déjà dit ce qu'on faisait, Leslie et moi. Elle pense se nourrir du principe vital.

(Rires.)

— Je ne le conçois pas sous cette forme.

— Vous êtes plus classique.

— En somme, vous ne payez pas?

— En nature ou en mots. J'interromps le contrat naturel à la racine. Je parle, Leslie ne comprend pas le centième de ce que je dis, elle bande, elle veut baiser, c'est tout simple.

— Mais le mariage? L'enfant?

— Confirmation. Preuve. Sans quoi : « vieux garçon », etc., et la démonstration s'effondre. Aucune contradiction.

— Racontez-moi.

*

Je dois d'abord m'occuper des fleurs. Toute une partie du jardin a été ravagée par l'hiver. Il faut replanter certains rosiers, remplacer le prunus et les lauriers-roses, revoir les pois de senteur près des murs. La lavande n'a pas trop souffert, mais le mimosa et le weigelia semblent à moitié morts. Les giroflées ont bien résisté, elles sont déjà là partout, dans le jaune. Les deux lilas sont insubmersibles. Géraniums, bégonias, pétunias, hortensias, cannas, roses trémières, pas d'histoires. Des lis? Mais oui, il n'y a qu'à choisir. Le usha, le varico, le rubrium, le régale, la reine de la nuit, le bicentennial, le Titania, le Darina, le Tai-Yin, et même le Lady Killer... Fin juin, début juillet, premier versant de l'été... Pour les roses, pourquoi pas des Queen Elizabeth... De tous les noms de fleurs les plus fous sont, Dieu sait pourquoi, attribués aux tulipes : Bird of paradise, Fringed beauty, Groenland, Princess Irene, Don Quichotte, Murillo, Chaperon rouge, Oratorio, Sweetheart, Verdi, Caprice, Flammées, Isis, Noire, Espéranto... J'ai décidé de ne plus m'intéresser qu'aux oiseaux et aux fleurs. J'ajouterais bien les monnaies, qui sont un peu entre les deux, au fond, vols, pétales d'un éclat disparu avec les mains qui les ont touchées... Lis d'or du début du règne de Louis XIV (il y en a un dans la collection de grand-père)... Pour les oiseaux, l'île est devenue, depuis une dizaine d'années — personne ne s'en occupait avant —, un lieu de réserve et d'observation. Dans une réincarnation rapide (juste le temps de vérifier que la réincarnation n'existe pas), j'aimerais bien, malgré ma massivité trompeuse, me retrouver quelque part entre les avocettes, les barges, les bernaches cravants, les gorgebleues, les sarcelles, les spatules blanches, les sternes, les chevaliers, les tourne-pierres ou les vanneaux huppés... Tenez, le chevalier, par exemple, aux cris musicaux et flûtés, m'irait assez bien, le chevalier dit gambette, ou pied rouge... Ou alors, carrément, le combattant, deux cents grammes, envergure de cinquante-huit centimètres, ailes marron-gris écailleux avec légère bande alaire, collerette de couleur variée... Ou encore, allons-y, le courlis cendré, connu pour sa méfiance et dont le nom dérive de son cri d'alerte, grand bec arqué, calotte finement striée, taches en forme de cœur sur les flancs et la poitrine... Remarquez, je veux bien être trente secondes un petit gravelot, poids moyen trente-huit grammes, envergure trente-cinq centimètres, quartiers d'hiver au sud du Sahara, jusqu'au Kenya... En voici justement un sur l'une des pelouses... Il sautille un peu, pique du bec, tourne en rond, s'en va... Il est suivi d'un huîtrier-pie, bec rouge, pattes roses... La maison est suffisamment en pointe sur l'eau pour être un aéroport permanent. Il faut qu'il fasse très chaud pour que les mouettes rieuses et tridactyles se posent sur l'herbe. Une ou deux fois en août, peut-être, quand le soir est chauffé à blanc dans l'ombre qui vient. Leur concert est alors tout ce qu'il y a de plus clair dans la nuit, sel du son par-delà la vase.

*

Vous pensez que je me dérobe, au lieu de parler de Marie ? De Paul ? C'est probable. Il est difficile de parler de ce qui vous touche de si près. Marie, vous comprenez, c'était, et c'est encore, « l'étudiante géniale ». Comprenant tout, au courant de tout, interminable première en tout, philo, histoire, mathématiques et chimie, langues... Elle était déjà comme ça à dix ans, « première élève », nœud blanc dans ses cheveux blonds, les yeux gris un peu fixes, toujours à la recherche d'une solution dans une équation dont elle semblait penser qu'elle ne faisait pas partie... On s'est connus en terminale, on s'est retrouvés à l'université où elle poursuivait quatre licences à la fois, puis aux Langues Orientales. C'est ma femme et mon amie, ma voisine d'amphi, assemblées générales, cellules ultra-révolutionnaires, barricades et complots, discussions à n'en plus finir, lectures, concerts. Vous l'avez déjà vue de loin quatre ou cinq fois, inutile de vous la décrire. Bonne nageuse, elle aussi, meilleure que moi dans les vagues, elle va plus au large, plus vite, elle ne fume pas, ne boit pas, elle aurait voulu être biologiste moléculaire, physicienne, c'est la seule femme complètement athée que je connaisse, je veux dire cause, effet, repérage rationnel et bonsoir. Merveilleux professeur : elle peut vous improviser un cours sur les nombres transfinis, l'hypothèse du continu, l'axiome du choix, la conjecture de Fermat, l'axiomatique de Zermelo-Frankel ou celle de Gödel-Bernays, les alephs et leur cirque, chiffon, craie, tableau noir, voix posée, précision didactique pour les moins doués — et, de là, passer sans s'essouffler à la négativité chez Hegel ou aux anges chez saint Thomas... Un laboratoire ambulant, mais fragile, tendre. Les larmes de Marie! Sans raison! La vie à toute allure pendant sept ans, pas d'argent, tourbillon des vacances studieuses (encyclopédies sur les plages, cahiers et carnets bourrés), quelques voyages (dont un, inoubliable, en Suède; six mois invités à Stockholm), et puis l'arrivée de Paul, et là, bien entendu, changement de monde. Je saute, je saute, je ne crois pas aux récits organisés mais aux moments clés, au style hallucinatoire coudé. Que des paysages apparaissent et disparaissent, que le temps choisisse ses proies! Amsterdam, par exemple, plus un sou en poche, et moi en train de saigner du nez, marche toute la nuit, wagon du retour désert. Ou Berlin sous la pluie, moi pas un mot d'allemand, Marie se glissant partout sans obstacles. Ou Jérusalem, une nuit, controverse, avec des amis, sur les mérites comparés de l'Ancien et du Nouveau Testament, moi ivre, Marie me portant presque et me déshabillant dans notre chambre d'hôtel. Je ne crois pas qu'elle voulait vraiment de moi, c'est moi qui ai insisté, elle a déménagé deux fois sans laisser d'adresse, je l'ai retrouvée, ça s'est réglé pour finir (le mariage) au cours d'une mémorable matinée avec du saumon et du thé (je n'aime pas le thé, j'en ai bu au moins dix tasses cette fois-là). Nous deux à la mairie du cinquième arrondissement, donc, le Panthéon comme décor, déjeuner à la Bûcherie, et suite de la conversation (à cause d'un des témoins) sur les Védas. Je revois le maire gêné, pas d'alliances, pas de famille ni de photos, je vous ai dit qu'on était anarchistes, Marie riait ouvertement pendant le discours — si cela avait été nécessaire, à l'époque, revolvers et crève la société entière. Mais enfin, culture d'abord, n'est-ce pas ? Je me dopais pas mal, à l'époque, ce qui donne Marie me retenant de sauter par la fenêtre, au cinquième étage du meublé que nous habitions (moi une fois sur deux, il faut dire, sinon en balade). Je sens sur mon front le soleil levant, une jambe dans le vide, les bras de Marie autour de ma taille, elle tire vers l'intérieur de toutes ses forces, pas un mot, le film est très réussi. Elle a commencé à découcher, elle aussi, j'ai fini par découvrir qu'elle avait pris une chambre dans un hôtel à côté de la Bibliothèque Nationale (bon Dieu, ce quartier !) pour économiser du temps. Je l'ai ramenée, elle est partie une fois avec un astronome barbu qui parlait de la transplanter aux Etats-Unis où on reconnaîtrait son génie, elle devait quitter cette France tassée et sans avenir, ce mari amateur et trop littéraire, il doit être quelque part en Californie, maintenant, avec femme, enfants, crédits, télescope et radio-quasars. Le type était d'ailleurs sympathique, il paraît qu'il faisait bien l'amour, avec des attentions dont j'étais incapable, je suis brusque, expéditif, paresseux. Les chemises de nuit de Marie, la noire surtout, sous le peignoir chinois de soie bleue, je les touche encore, je revois ses yeux peu à peu plus verts. Je devais quand même avoir mon charme, dites-moi, je l'abandonne aux chauves-souris nerveuses du jardin, pendant que montent les lumières de la côte. Petit mutisme d'une vie. Rosée fine. Je ne suis pas un individu bien recommandable, Reine, je sens que vous prenez d'instinct le parti de Marie (comme s'il y avait à prendre parti). Mais vous avez raison, je vous donne raison... Ainsi, le jour de la naissance de Paul...

*

C'était en janvier, il faisait très froid. J'avais passé la nuit dehors, une fois de plus, avec Xavier et deux filles, il y avait un bar, à Montparnasse, qui ne fermait pas, on pouvait y manger à quatre heures du matin, mon rêve (d'autrefois, s'entend : l'entrecôte bleue dans la nuit, les frites, le vin froid rosé). On était allés danser dans une boîte, pas loin, strip-tease, prostituées échouées, macs discrets, touristes, travelos jacasseurs allant à tour de rôle se fixer aux toilettes...

— Votre femme est sur le point d'accoucher et vous allez traîner dans les bars?

— Mais oui... Je vous ai déjà dit que j'étais affreux. Comme n'importe qui, d'ailleurs. Je vous assure que je peux à peine en parler...

— Si, si, continuez.

— Il me semble bien avoir été faire l'amour dans l'hôtel d'à côté, avec une des filles... Une grosse brune qui n'arrêtait pas de rire, Sylvie, je crois... Je la revois vaguement gigoter sur moi dans la lumière rouge tamisée, tout en me chuchotant des « je t'aime ». Je rentre à six heures, titubant. Marie n'est plus là.

— Elle est partie ?
— Avec ses affaires, pour la clinique. Quand j'arrive en courant là-bas, Paul est né.
— Sans vous, donc.
— C'est curieux, une naissance, excusez-moi si je dis des choses banales (mais elles ne le sont pas pour vous) : j'ai eu l'impression de mourir sur le coup. De me volatiliser sur place, et de me recomposer, d'un bloc, trois pas en arrière... On est éjecté... Après quoi, il y a beaucoup d'agitation, d'émotion plus ou moins simulée (et d'ailleurs authentique), mais l'essentiel est ailleurs. Dans cette dématérialisation à la verticale, cette ponctuation brève, en éclair. Je ne sais pas si Dieu existe, mais il fonctionne à ce moment-là. C'est sa région, en tout cas.
— Vous voulez rire ?
— Pas du tout, pas du tout... J'ai été dans une extase continue pendant une semaine, et on pourrait me démontrer qu'elle était illusoire, peu importe, je l'ai eue, elle m'a eu. Comme me l'a dit une fois, avec naturel et sans aucune prétention, une amie qui est presque une sainte : « Je n'ai pas besoin de penser à Dieu, Dieu pense à moi. »
— Eh bien, voilà une belle crise mégalo-paranoïaque ?
— Les cieux s'ouvrent, le fil invisible descend directement sur vous... Vous, marionnette... Je suppose qu'il s'agit de l'équivalent, pour un homme, de la grande horizontalité planante de la femme enceinte. J'ai observé Marie pendant neuf mois : elle flottait, tournait, dansait ; elle était devenue d'une autre substance. C'est la seule période de sa vie où elle a aimé la musique, où elle a supporté d'écouter avec moi les sonates et les quatuors de Haydn, mon

musicien préféré. Est-ce que je me trompe sur la lueur qui vient sur le visage de Paul quand, par hasard, à la radio, résonne un passage rapide ? « Haydn ! » Je n'ai pas la moindre idée dont sonnent des violons ou un piano dans la vie intra-utérine, rien probablement, le chant des baleines ou des dauphins, un brouillard inarticulé, mais son petit visage chiffonné semblait capter, dès le début, le message d'un paradis à éclipses... Résumons : la plénitude animée pour elle, la mort éclairante et souhaitable pour moi : voilà l'expérience. En deux heures, je suis passé du bordel chaotique, enfumé, à la vision panoramique et algébrique fondant sur l'inscription légale : Paul Rouvray. J'ai compris quelque chose, quelque chose m'a compris. Et puis, j'ai oublié, je suis retombé, c'est plus sage. N'empêche ; ces mouvements élémentaires doivent se produire constamment un peu partout. On manque de témoignages. Tabou. Vous savez que nous entrons dans une année mariale ?

— Ça nous fait une belle jambe !

— ... annonçant l'arrivée du troisième millénaire en jubilé ?

— Où serons-nous ?

— « Omnis non moriar » : c'est l'inscription qu'a voulue Haydn sur sa tombe. Sa femme faisait des papillotes avec ses partitions. Soyez gentille, écoutez au moins une fois *L'Aurore* en pensant à moi. Tenez, je mets le disque. Vous entendez ? L'Aeolian String Quartet. Des Anglais. L'alto est une femme, Margaret Major. Marie, à la même époque, s'est beaucoup intéressée aux tableaux de Giovanni Bellini. Ça l'a un peu changée de la logique mathématique. Il fallait voir comme elle se baignait, cette année-là, en juillet et août. L'océan n'était plus seul, je vous jure.

*

Voilà, je concentre la situation, Reine, elle est exemplaire : il est entendu qu'avec vous, je dois parler, pas baiser. Avec Leslie, baiser, pas parler. Et avec Marie, ni vraiment parler ni vraiment baiser, « être là », découpé dans l'espace et le temps, et payer. Avec vous, nous avons donc le cas de substitution pure à la baise. Avec Leslie, la négation de la parole (c'est une activité). Avec Marie, une forme de synthèse qui définit la réalité sociale (même si elle est traversée d'autres lignes de réalité). Si vous faites l'addition de ces trois positions, vous êtes obligée de constater que l'horizon imaginaire est chaque fois constitué par le fantasme d'un engrossement impossible par la parole et, par conséquent, cette petite et fantastique histoire de Vierge est fondée. Comme vous avez ri quand je vous ai dit que je « manquais de refoulement » ! Ah ! ah ! Comme si c'était possible ! Mais oui, c'est possible. Vous savez pourquoi vous me passionnez ? Parce que vous avez une conception entièrement névrotique du monde. Il est rare qu'elle soit consistante et cohérente *à ce point-là*. Je trouve votre arrogance désolée enthousiasmante. Quand vous m'avez fait — le lendemain de la scène de la voiture — vos dents, Reine ; vos dents sur ma lèvre inférieure ! — l'apologie tortueuse du « renoncement », j'exultais, je vous aurais embrassée dix fois plus. En dehors de l'aspect ultra-comique de la conversation, on était dans une grande scène médiévale, ombre des cathédrales, chapitre du couvent.

J'étais le confesseur saisi par la tentation et foudroyé, après votre abandon inconsidéré, par votre réserve. Dialogue vécu mille fois! Prisonniers de nos fonctions, de nos vœux, de l'ordre voulu par Dieu! Pas le Dieu d'autrefois, bien entendu, mais le Dieu moderne, tout autre et le même, celui dont le catéchisme, le bréviaire, comportent les mots « inconscient », « refoulement », « manque », « castration », « pulsion »... Pas la morale ancienne, non, quelle idée, rien ne vous choque, mais le magnifique, éblouissant et nouveau conformisme auprès duquel l'ancien a l'air si moisi, si provincial, si naïf! C'est votre extraordinaire conformisme obstiné que j'aime, Reine! Branché! D'avant-garde! Subversif! Religieux à l'envers! Puisque nous vivons dans un monde inversé! Vous manquez de refoulement? Ah! ah! Vous auriez mieux fait de me dire : « Ecoutez, le sexe va nous faire perdre du temps, vous ne pouvez pas m'épouser et accomplir votre fonction de reproduction, *donc* vous ne me plaisez pas, j'ai vingt-huit ans, il faut que je me dépêche. » Mais les *morsures,* Reine, les morsures! Je ne les ai pas inventées! Vous en constatez le prix! Votre corps parle! Votre raison s'insurge! Vous ne voulez pas vous *dévergonder* (quelle « dévergondée » vous feriez, vous le savez mieux que personne). « Non, cela me déprimerait trop. » C'est bien ça que vous venez de penser? Ah, la dépression, son univers impitoyable... Inscrite dans le chromosome sexuel X, le gène qui côtoie l'un de ceux qui sont responsables de l'hémophilie! X, oui, le chromo féminin! Comme toutes les femmes vous êtes ixe-ixe, mon ange, et c'est un ixe-igrec qui vous parle! Un père ne peut pas transmettre son humeur noire à son fils! Son humour noir, peut-être! Tandis qu'une fille, écoutez cette injustice de la nature, une fille qui reçoit en héritage deux chromosomes X — l'un de son père, l'autre de sa mère — risque doublement de se voir refiler la maniaco-dépressive! Maman frappe de son deuil l'équation symétrique en X! Quelle perspective, le parallélisme entre hémorragie sanguine et mentale! Un manque de coagulation, et mélancolie partout! Comment convaincre un gène d'éprouver du plaisir? Question! Vous ne voulez pas quelques pilules roses, Reine, au lieu de perdre tant de temps chez votre psy à raconter des rêves sans intérêt, des souvenirs-écrans, des émois de colin-maillard puérils, des *rhumes de cerveau,* en somme? Vous ne voulez pas qu'on aille droit au chromo? Qu'on le viole? Coup de baguette chimique, et hop, carrosse, divan changé en sofa, coussins moelleux, oreillers de soie, lit plein d'odeurs légères, *comme chez vous*? Non? Vade retro Satanas? Le malheur vous semble plus vrai, plus sûr? Il vous venge mieux de l'absence de dénivellation cellulaire et fatale en Y?

— A propos, vous écrivez Lys ou Lis?

— Lys. Avec le i, vous avez lit et lire. Le lis dort. Cet Y me plaît. Il a une allure de Z matinal. Drapeau grand siècle. Sésame. L'archange, son lys à la main, murmure : « Sésame ouvre-toi. » Il est enfoui dans le français, l'Y, je le réveille. J'espère que cette annonce ne vous accable pas? Deux exemples : « Le printemps... qui couvrait déjà de lys et d'anémones les champs de Fiesole et éblouissait Florence de fonds d'or pareils à ceux de l'Angelico »; et : « Même par un jour de tempête, le nom de Florence ou de Venise me donnait le désir du soleil, des lys, du palais des Doges ou de Sainte-Marie-des-Fleurs... ».

— Proust?

— Evidemment. Il suit la tradition, il appelle Florence « la cité des Lys ». Nous devrions aller un jour là-bas, non? Pour mieux nous retrouver ici? Puisque le lys est ici? Comme la lettre volée invisible en pleine évidence? Noyée dans l'oubli?

Pas de réponse.

*

— Vous pensez que Leslie veut un enfant de vous?
— Elle veut surtout me prouver qu'une femme vaut mieux et plus que tout discours. Ou encore que tout discours, comme une rivière inutile, doit déboucher sur l'océan-femme. « Cause toujours, coule toujours »... Xavier, qui est aussi un spécialiste de Qûmran, pourrait vous montrer des textes affreux... *Les pièges de la femme,* par exemple, en provenance de la grotte IV, dix-sept lignes retrouvées sur une douzaine de fragments de peau fine et brune. Vous connaissez l'endroit? Terrasse en plein soleil, désert, mer huileuse à l'horizon bas... Les Esséniens n'y vont pas de main morte : « Ses linges sont les obscurités nocturnes, ses parures des coups de la Fosse... Ses lits sont les profondeurs de la Tombe... Elle demeure dans les tentes du silence, au milieu des flammes éternelles », etc. Voilà des ermites hantés. Pas comme votre scribe dans sa cabane, Reine. Je suis assis bien sage, bien tranquille, pas le moindre désir. La chère Leslie (mais vous me forcez à l'évoquer, ma méditation s'enfuit, ses cheveux roux brillent soudain devant mes yeux, ses jambes de lait s'ouvrent) se sent peut-être investie d'une mission transcendante. Elle est très gentille. Son mari me protège. « Simon, m'a-t-il dit une fois, Leslie a besoin de vous voir pour son

équilibre intellectuel. Je vous préfère à un psychiatre, à un charlatan, à un gigolo ou à une voyante. » Un homme d'esprit, ce gros farceur financier sans cesse entre Londres, Francfort et Tokyo. Je suis le moine concret, avouez. A la façon dont elle a miaulé, le premier jour qu'elle est venue dans mon grenier sous les toits : « Combien de femmes sont venues ici ? Autant que de livres ? », j'ai su que ce serait la bonne croisière. Il y a bien quelques dérapages, des nervosités, des quasi-migraines, de modestes tentatives pour me rendre jaloux (« je pars dix jours en Italie, ce serait bien avec vous, mais vous êtes imbougeable »), rien de sérieux. En revanche, dès qu'elle est disponible, il faut y aller. Ça ne me dérange pas. Au fait, mon détachement apparent ment. Sa bouche fondante est un délice continuel, je peux l'embrasser des heures, j'aime tout d'elle, ses robes, ses culottes, ses bas, ses parfums, ses bagues, ses gémissements conclusifs, sa manière de fumer, son rire, ses sourires, sa douceur, sa sauvagerie, son appétit, son accent, ses doigts, et encore ses doigts, et toujours ses doigts, ses goûts de luxe, son appartement pas si loin du vôtre, Reine, sa voix dans ses phrases qui ont l'air faites pour sa voix, ses fesses, sa faim de foutre, son regard noir et bien posé quand elle me dévisage avant de pousser plus loin, toutes ces choses que je pourrais dire également en parlant de vous, ma chérie, si vous me laissiez vous prouver que telle est aussi votre envie, votre vie profonde... Mais passons. Ce vin blanc est très bon, il sent les palourdes et le vent, les vignes vertes et acides qui l'ont porté rampent sur la terre basse, elles échappent aux tempêtes, elles ont assimilé le varech et, avec lui, un va-et-vient écumeux, filtré, goût d'eau de mer et de sable passé au feu sec, buvable. Coup de briquet. J'écris dans la maison, maintenant, devant la fenêtre ouest, le soleil baisse et la lune monte déjà dans le bleu fondu, les roses trémières remuent contre le mur blanc. Silence. Vol de canards vers le nord. C'est Leslie qui a posé sa main sur la mienne dans ce bar, et ensuite tout est allé très vite, taxi, escalier quatre à quatre, c'était l'automne, elle s'est déshabillée presque d'un seul geste, « Simon, Simon », entendez *Saïmon,* c'est tout ce qui me revient comme son, avec les étouffements, les soupirs. Un beau poisson bien frais, j'ai pensé, vraiment une belle prise, un bel éclair argenté, roux, au-dessus des vagues. Voilà, plaf, cette mouette vient d'attraper son dîner, elle dégage au large, s'efface, un des millions de petits nœuds rapides, avalements-avalés, a eu lieu sur la grande page mouvante, et tout reste vide, pourtant, rien ne s'est passé.

*

On est au début du neuvième siècle, dans le monastère du Torrent bleu. Le type s'appelle Wei Ting-wou :

« De lui-même, le monde est sonore,

Et le Vide à jamais silence.

Ce qui se lève au cœur du calme

Au cœur du calme se dissout. »

Vous sentez le pinceau, le poignet, l'encre? Le moment bref où le bras se relève, laisse tomber le souffle et le sens?

« Une perle irradie dans l'oubli de l'espace. »

(On est là au huitième siècle.)

Ce dernier vers est une huître, interminable. Je viens de me couper l'index gauche en ouvrant une douzaine de ces vénérables tortues miniatures, j'ai regardé mon sang couler dans l'évier, j'en mets une légère traînée sur le papier, voyez, ça ne fait pas mal dans le paysage. C'est *en plus*. Je voudrais bien, comme Souen Tch'ouo (quatrième siècle, je suis obligé de vous le rappeler), me nourrir de gelée de jade noir (« Le cœur et les yeux brillent de la lumière du vide, je ralentis, j'erre sans souci... Le sans-naissance m'est transmis, forme et vide se dissolvent et mêlent leurs empreintes », etc. etc.), mais je me contenterai d'une boîte de sardines à l'huile, de beurre et de cerises (penser à arroser le groseillier rouge). Vous êtes dans un de vos dîners, il y a le metteur en scène, le philosophe qui vient d'inquiéter l'opinion, le directeur de journal qui a lancé le metteur en scène et le philosophe, le responsable de la chaîne de télévision intime de la femme du directeur de journal, le représentant du groupe anglais, italien ou allemand, qui vient d'acheter la moitié du journal et qui sait tout sur les intentions du Président après le sommet de Venise, où le vrombissement des hélicoptères de sécurité a, une fois de plus, fait trembler le marbre rose, les façades et les mosaïques de Saint-Marc, le plafond de Santa Maria del Giglio (oui, lys, en italien, se dit *giglio*, vous l'aviez oublié ?)...

« J'ai admiré
Et j'admire encore
Que l'absence de pensée ressemble tant
Aux fleuves qui coulent vers l'orient »...

Celui-là, c'est Han Chan, fin du sixième... L'absence de pensée, *wou-sin*, état entre tous admirable, est le déploiement des perceptions au sein de la vacuité. Comme le dit Houei-neng, dans le *Soûtra de l'Estrade* : « Le sans-pensée est l'absence de pensée dans la pensée même. » Comprenne qui pourra. Vous savez qu'en Chine, naturellement, tous les fleuves coulent vers l'orient. Le blanc vide se fait vin, la lune est là, je vous quitte. Je vais me raconter dehors, la bouteille à la main, que je suis le néant des étoiles, ou quelque chose dans ce genre. J'aime m'allonger sur le gravier frais. Ne pas me souvenir comment je suis rentré me coucher.

*

Jaloux de Marie, moi ? Oui, bien sûr, et terriblement, cela fait une jolie légende : « le mari jaloux de Marie »... Jalousie : morsure homosexuelle, comme dit le catéchisme viennois ? Je connais, je connais, j'ai donné pendant des années. Une femme qui débouche, pour un homme, sur la société, est constituée de ça : projection sur l'autre homme, chaque sexe ne s'intéresse qu'au sien, c'est une loi aussi massive que celle de la pesanteur ou de l'attraction universelle, clé des mariages, mesure des contrats... Banalité, il faut y passer... Parcours du combattant : vérifications, fausses sorties et retours à l'improviste, guet dans la nuit, fouille des papiers, demandes faussement désinvoltes d'aveux ou de confidences, peur de la vérité mais excitation devant cette vérité possible, voulue, au fond, attendue comme un spasme, comme si on était elle, comme si on se laissait baiser à travers elle... Même scénario de l'autre côté, écrivez *lui* au lieu d'*elle,* recherche du temps perdu, partenaire-horloge. Trompe-moi, mais ce n'est pas moi qui le veut, c'est toi. Trompe-moi, et raconte-moi pour que je sois toi dans l'aveuglement de l'autre, spectateur de son désir, de ta ruse. Le genre de Marie, intellectuelle comme elle est, ce sont plutôt les beaux garçons sportifs, maîtres nageurs, guides, moniteurs, un de ses seuls vrais compliments, à mon égard, a été, dans les premiers temps, footballeur possible... Question de jambes, je crois. Elle s'est très bien débrouillée sans moi, moins que je l'ai imaginé, sans doute, ou d'une tout autre façon, selon ce qui l'arrangeait. Puisque vous aimez Proust, vous vous rappelez les scènes de Swann à Odette qui annoncent les hantises du narrateur (combien justifiées par la suite)? Le clair de lune au Bois, le petit rocher, « cette blague »? Et comment il la fait jurer qu'elle n'a pas fait « ce genre de choses avec d'autres femmes » sur sa médaille de Notre-Dame de Laghet, parce qu'il sait qu'elle « ne se parjurera pas sur cette médaille »? Mon dieu, c'est touchant. Il n'a pas la force de lui demander de lui raconter *pendant*. Ah oui? Comment? Pas si vite... Reprenons... Doucement... Donc... Par où a-t-elle commencé? Et toi? Ta réponse? Comment? Qu'est-ce que tu as préféré? Odette aurait sans doute accepté ou inventé ces récits tout en gardant sa médaille (les médailles, y compris les vôtres, en ont vu d'autres, n'est-ce pas, Reine?). Il n'était pas sûr d'arriver à la — à le — faire jouir comme s'il était une femme? Voyons, voyons. Dites-moi, j'y pense, est-ce que Proust signale une seule fois, dans la *Recherche*, l'existence du sexe masculin comme tel? Je veux dire : forme, dimension, description exacte? Queue, érection, couilles? Emission plus ou moins abondante, pour parler comme le Marquis? Je vous choque, Madame de Laume, excusez-moi. Mais enfin une bite est une bite, il n'y a là rien qui dépasse l'esprit de géométrie. Je sais : l'acte a son halo que ni les yeux, ni les mains ne connaissent, et encore moins le sentiment et la mémoire. Tout de même, on doit pouvoir s'y retrouver, dans cette confusion des pouvoirs... Bandait-il? Ne bandait-il pas? Si oui, comment, et d'après vous, pourquoi? En vous prenant pour qui ou pour quoi? Etait-ce bien vous? Etait-ce bien lui? Etait-ce bien vous et lui? Qui étiez-vous sur scène? Et après? S'agit-il des mêmes personnes avant et après? Quels étaient les intérêts en jeu? Les fantasmes? Les calculs? Les réminiscences? Les ressemblances inconscientes? Les espoirs sociaux? Les quiproquos? Etiez-vous mouillée a priori? En cours de route? Pour quelles raisons (simple état mécanique, colère, jalousie, rage, peur, envie d'avancement, attrait réellement physique ou trouble psychique, irrigation lente avec montée d'hypnose par contentement, ou cadeau?). Cochez la case correspondant à votre réponse. Ajoutez le commentaire qui vous plaît. Embrassez qui vous voulez, en n'oubliant pas, désormais, avant d'aller plus loin, une garantie médicale. Je viens de lire les sujets du baccalauréat. « L'art peut-il être immoral? » Le peut-il? Le peut-il? Je vous donne la copie gagnante : certes, il peut en avoir l'air par rapport au moralisme étroit de telle ou telle époque, mais, au fond, jamais. L'esthétique rejoint l'éthique — et d'ailleurs la métaphysique — par-delà la morale. Donc l'art est toujours moral. Ouf! « La contradiction est-elle dans les idées seulement ou aussi dans les choses? » « Quelle différence y a-t-il entre désirer et vouloir? » Kant et Spinoza, comme d'habitude. Prenez Spinoza en désespoir de cause. Celui qui répondra « aucune différence » aura zéro. Mais voici Mong Hao-jan (689-740), je le retrouve en ouvrant mes volets sur le silence bleu à perte de vue du ciel dans l'eau, de l'eau dans le ciel, j'ai laissé la fenêtre ouverte, j'ai froid, je ne sais pas si je sors de mon lit, de l'eau ou du ciel :

« Un sommeil de printemps ne sait pas le début du
[jour.

Les cris des oiseaux entourent le dormeur.

Cette nuit, bruissement du vent et de la pluie —

Combien de pétales emportés ? »

Expliquez de quelle expérience provient une telle perception de soi et de la nature. A votre avis, est-elle encore accessible ou non ? Dites pourquoi non.

*

Laissez-moi vous revoir chez vous, rue Rembrandt, la veille de mon départ, à six heures du soir, assise sur le canapé noir devant la porte-fenêtre, chemisier blanc, collerette, manchettes, pantalon noir, visage ramassé dans les coussins rouges, la façon dont vous vous êtes penchée plusieurs fois, oh pas vers moi, jamais vers moi, mais en direction des arbres, dehors, ou les yeux baissés sur le tapis chinois dragons bleus, ou encore du côté de la table basse et le vase de pivoines roses, sourire forcé, pour poser votre verre ou écraser une cigarette. « Nous sommes bien d'accord ? » Et comment. Mais sur quoi ? Sur le contrat ? Mais ce contrat veut dire autre chose, vous le savez bien, sauf que nous ignorons l'un et l'autre *quoi*. Nos calculs sont sans doute faux, le temps est changeant, poulette, et pas seulement le temps mais les pièces sur l'échiquier, combien y en a-t-il, vous, là, moi, ici, mais les autres figures ont aussi leur jeu, leurs déplacements parallèles, ne vais-je d'ailleurs pas cesser de vous aimer, n'allez-vous pas m'aimer au moment où vous me serez devenue indifférente ? Dans un roman

anglais, voilà quel serait le fil principal de l'intrigue.
« Nous sommes d'accord ? » Vous avez croisé les
jambes de façon plus provocante, toujours sans me
regarder, vos yeux étaient sur le piano ouvert, maintenant, on aurait dit que vous lui demandiez de jouer
tout seul. J'ai eu une très vilaine pensée. Vraiment
très vilaine, indigne d'un roman anglais. Celle de
votre jardin secret, Reine, de votre *hortus conclusus,* de
votre mousse, de votre petit buisson mouillé, de votre
légère et acide salade *de mâche* ! J'aurais voulu vous
réciter sur-le-champ des litanies raffinées et obscènes,
elles vous auraient indignée et charmée, vous en
auriez ri avec indulgence, peut-être même seriez-vous
allée, comme Leslie une fois, jusqu'à enlever vite votre
pantalon pour me donner en gage votre culotte de soie
noire pour que je puisse me branler dedans et vous
rapporter, séchée, la preuve de ma passion ? Je n'ai
rien dit. Quoique ce geste — mettons qu'il ait eu lieu,
hypocrite vicieuse — eût été, venant de vous, non
seulement attendu mais du plus parfait naturel.
« Nous sommes d'accord ? » Ou alors, j'aurais pu
d'abord ouvrir ma braguette, vous montrer mon sexe,
vous auriez fait semblant de ne rien remarquer et, en
trempant vos lèvres dans votre porto, vous auriez
laissé tomber de façon lointaine : « On dirait que le
temps se couvre » ? Non, non, je n'ai rien dit. Mais
cela aussi a eu lieu. Mon sexe vous va très bien, Reine.
J'allais dire comme un gant. Il est à l'aise sur vous,
contre vous, entre vos cuisses. Une greffe réussie. Je
suis sûr que vous en ferez le meilleur usage. Meilleur
que moi. Plus économe, en tout cas. Vous me
permettrez de vous le réemprunter de temps en
temps ? Ce sera comme si vous me déléguiez à cette
opération un peu fruste dont la seule idée vous fatigue.

Je vous raconterai les détails en vous rendant votre organe. Mais comme j'aimerais que vous puissiez me confier la manière dont vous m'avez senti gonfler sur vous, par moments, dans la rue, dans un dîner, *au théâtre*! Et comment vos amants ne s'aperçoivent de rien! La surprise que vous pourriez provoquer, à tout instant, dans les toilettes de femmes des grands palaces, quand l'une des stars du moment — vous m'avez bien suggéré ça l'autre fois — vous regarde, l'air de rien, en se maquillant! Lueur des yeux dans les glaces... Discrétion... Nous sommes toujours d'accord pour ce film sans précédent? On tourne? Vous n'avez pas peur, au moins. Non? Action.

II

Une chose est sûre : si je ne vous avais pas connue, je n'aurais jamais eu l'idée de raconter ma vie. Est-ce bien à vous que ces lignes sont destinées ? A moi ? A personne ? Vous vouliez une expérience, elle est en cours, votre argent la règle, mon envie de vous la continue, votre désir à vous est peut-être de discerner enfin entre le désir et l'argent (tout cet argent dont on a l'impression que vous ne savez que faire), la gratuité des sensations et le pouvoir de les déclencher, un jeu de la vérité, alors, mais laquelle ? Vous ne répondez jamais, vous êtes enfermée dans votre rôle, vous vous assurez du mien, j'accepte, je travaille (mais ce n'est même pas un travail), je bande pour vous, je fais exprès d'écrire cette expression pour que votre visage se fronce, qu'il soit couvert, deux secondes, de ce voile de réprobation que j'aime tant, ce voile d'acier noir, cette moue de néant. Comme lorsque je vous ai pressée pour un nouveau rendez-vous, le lendemain de la scène de la voiture : « Oh, mais c'est que j'ai mon mot à dire ! » Les poings serrés, la bouche et les narines pincées, les joues blanches, une phrase de conseil d'administration, de réunion de famille pour un héritage, une réaffirmation d'autorité négligée, un cri du foie, une exclamation de coupons, de titres, de

« relevés », de coefficients contestés : « Mon mot à dire ! » Il n'a pas traîné, votre mot.

Mais peut-être, après tout, n'avez-vous agi que par *charité* ? Voyant ce type, estimable mais pauvre, se tromper au point de vous prendre comme objet charnel, avez-vous voulu lui offrir une compensation, une porte de sortie honorable, et plus qu'honorable ? Ou encore, vous vous êtes prise pour un mécène de la Renaissance, Médicis, Borgia ? Votre nom vous est monté à la tête, vous avez pensé faire contre mauvais appétit bon cœur ? A moins que vous jouiez sur tous les tableaux : charité, humiliation, rentabilité possible ? Enfin, un contrat est un contrat. Vous êtes une femme de contrat.

— Vous avez bien travaillé ? (Vous prononcez donc le mot *travailler*.)

— Je commence. (Vous laisser dans l'incertitude jusqu'au prochain envoi.)

— Vous me montrez quand ?

— Très vite. (Je sens que j'aurai un jour l'occasion de vous renvoyer votre « j'ai mon mot à dire ».)

— Vous avez beau temps ?

— Excellent. (Ce n'est pas vrai, il pleut, tout est sombre.)

— On a pourtant des orages partout ? (Vous regardez la météo ?)

— C'est un microclimat, ici. (Elle ne va quand même pas téléphoner, pour vérifier, à l'auberge ou à la gendarmerie du village ?)

*

Je vous mets bien là devant moi, maintenant, je prends mes distances, je vous immobilise, je vous tiens. Comme un modèle dans un atelier. Dessin, feutre, chirurgie, profil, face. Je commence à entrer en vous, je sens palpiter vos joues. Votre nez se refuse de toutes ses forces. Les narines se pincent, je sais que vous serrez les cuisses, que vos ongles s'enfoncent dans le velours du fauteuil. Ne bougez pas. Laissez-moi faire. Je le veux, je vous l'ordonne, je vous hypnotise de loin. Vous êtes excusée d'avance de votre faiblesse. Vous n'en étiez pas responsable, une force extérieure vous a dicté ce moment d'oubli. Je vois vos yeux se rétracter, Reine, vous êtes un sujet doué. Soit, vous n'en savez rien. Tout se passe sans vous, sans votre consentement conscient, vous n'auriez même pas eu à vous confesser, autrefois, dans la petite église du village où je vous imagine avec votre famille, au premier rang, sur la droite, à côté de l'harmonium, en noir, avec votre col de dentelle faisant ressortir votre pâleur, votre inquiétante blancheur un peu sale et pourtant éclatante de petite fille concentrée, malsaine. C'est vous, oui, c'est vous. Je sens vos poignets, vos chevilles, la légère et lourde et lente et sombre pulsation de votre sang, votre sang du mois, du vingt-deux ou du vingt-trois chaque mois, quand vous êtes de mauvaise humeur, nerveuse, agacée du moindre détail, et surtout, n'est-ce pas, par les brutes au corps fermé, bouclé, agressif, la queue tendue, ridicule. Vous avez encore observé les chevaux, ce matin, il y a eu l'événement, toujours le même, enfer et dégoûtation amusante, les étalons, les juments, les montées préparées dans le pré, contre la rivière, dans le coin qui n'est pas visible depuis le château sauf en montant dans la tour de l'ouest, tout en haut (n'oubliez pas les jumelles!), les femmes s'enfermant presque dans leurs chambres, votre père plus rouge et nul que d'habitude, avec son rire rentré, ses allusions, ses pauvres plaisanteries de charretier, de mâle finalement comme tous les mâles... Vous êtes dans la bibliothèque, à présent, assise à la grande table Empire, vous tendez l'oreille, vous aimeriez être là-bas, hennissements, croupes, crinières, sabots furieux, retombées... C'est l'instant où vous vous mordez la bouche, si, si, j'en suis sûr. Ce sont bien vos lèvres que vous avez piquées à travers les miennes, c'est bien ça que vous avez à me reprocher... Le mors... Les rênes... Ne remuez pas, restez tranquille. Vous lisez. Les mots pénètrent en vous comme une poudre, vous avalez les lignes et les pages, une vapeur vous envahit peu à peu... Là-bas, près de l'eau... Les robes acajou frémissantes... Les poitrails... « Vas-y! Vas-y! »... Les grands yeux fous noyés de plaisir... Non, je ne me trompe pas, j'approche de votre noyau sur place... Gardez le buste droit, ne détournez pas la tête... Regardez-moi, maintenant... Voilà... Mais non, je vous ai perdue, vous venez de vous dissoudre, tout à coup, dans la soirée brumeuse. Je retrouve la pelouse devant moi, le jet d'eau en éventail, lent et mobile, les marguerites, la marée montante pressant l'horizon, un vol de cinq canards dans le ciel bleu-gris, le silence. Oui, je vous ai complètement perdue. Je suis seul. Je regarde ma main qui vient de s'arrêter, petite pause dans le néant pendant que le vent se lève. Lumière et noirceur de plus en plus noire, de plus en plus lourde et noire comme le casque de vos cheveux courts dans une voiture roulant à toute allure sur la Côte — mais oui, c'est là que vous devez être, cocktail, piscine de l'arrière-pays avant le classique et confus dîner aux chandelles sur la terrasse... Vous n'êtes pas en jean et baskets, n'est-ce pas? Et ces messieurs ne sont pas non plus, comme moi en ce moment, en pyjama ? Bonsoir, bonsoir. Chacun son sommeil.

« Et je chéris, ô bête implacable et cruelle !
Jusqu'à cette froideur par où tu m'es plus belle ! »
— Je ne vois pas ce qui a pu choquer chez Baudelaire autrefois.

— Vous savez que le jugement sur *Les Fleurs du Mal* n'a été définitivement cassé qu'en 1949 ? Je m'en souviens, c'est ma date de naissance.

— Si tard ?

« Mon esprit, comme mes vertèbres,
Invoque ardemment le repos ;
Le cœur plein de songes funèbres,

Je vais me coucher sur le dos
Et me rouler dans vos rideaux,
Ô rafraîchissantes ténèbres ! »

*

Eh bien, j'ai rêvé de vous... D'un de vos amants et de vous... Comme vous êtes différente quand vous aimez quelqu'un ! Comme vous souriez ! Comme vous vous tortillez sur place ! (Vous me passez le mot « tortiller » ? Je sais qu'il est indigne de vous, vous ne pouvez pas vous abaisser jusque-là, mais dandiner serait-il plus juste ? Faire la roue ? « Se pâmer » ? Or c'est bien comme ça que je vous ai vue, ma chérie, abandonnée, sournoise, langoureuse, moqueuse, tandis que la splendeur de vos froides prunelles devenait un sous-bois de velours...) Quoi, pour ce type insignifiant aux maigres fesses ? Pour ce pseudo-scientifique aux yeux bleus et à l'air contraint ? Pour lui, ces coups de lumière éblouie sur votre visage d'habitude impassible ? Ces appels d'épaules ? Ce cou soudain en pente, ces seins redressés, ce ventre à l'écoute ? Vous faisiez « oui, oui », avec enthousiasme et malice, un petit « non » de temps en temps pour pousser le « oui », un « pas d'accord » perlé voulant dire « encore »... Vous !... En maillot !... Noir !... L'idéal pour votre forme globale... Pour vos « solides jambes de paysanne » (vous n'avez pas craint de me dire ça une fois... « Et vous vous baignez nue ? — Mais oui. — Sans problème ? — Mais voyons ! » Je ne veux pas que vous soyez nue ! Jamais ! Je me sens dix fois plus scrupuleux et maniaque sur ce sujet que votre grand-mère !). C'est lui, donc, c'est le genre que vous aimez. Le probable père à venir de vos enfants. Deux ? Rien que des filles, j'espère. Pour que la malédiction continue dans le même sens. Ah, vous n'aviez plus votre froide majesté de femme stérile ! Et lui ? Ecole nationale d'administration ? Sciences politiques ? Polytechnique ? Agrégé de physique et chimie ? Riche ? Même pas ! Même pas ! Vous êtes folle, Reine. Oui, tortiller est le mot. Vous avez la même attitude de sale caresse cachée avec vos amies, sacrée petite lesbienne. Mais oui, c'en est une, votre fiancé, pas de doute. Si j'avais été là, vous auriez apprécié la scène à vos dépens... Il vous aurait à peine remarquée, d'ailleurs il ne vous *voit* pas, raison pour laquelle il vous plaît, la grande loi est une fois de plus vérifiée, il y a de quoi éclater en sanglots ou mourir de rire. « Simon ! Toujours vos généralisations ! » Mais ce que vous ne comprenez pas, chère Madame, c'est que les « généralisations », comme vous dites, ont été *payées*, et très cher !

« Je mettrai le Serpent qui me mord les entrailles

Sous tes talons, afin que tu foules et railles,
Reine victorieuse et féconde en rachats,
Ce monstre tout gonflé de haine et de crachats. »
— Toujours les *Fleurs* ?
Ô Pétale ! Beauté ! Porte ! Croisée !

*

J'aimerais vous faire percevoir ce qu'est un matin ici, Reine... L'air bleu vif diffusé d'un coup, l'eau à peine ridée, les bateaux qui commencent à sortir au loin, à marée haute... La lumière unie selon le vent, ouest, nord-ouest, nous entrons dans la beauté du temps, les fleurs se lancent, rosiers, hortensias, lavande contre les murs, roses trémières géantes comme des hallucinations. Du printemps à l'été, il y a l'écart exact qu'on peut mesurer entre les pâquerettes et les marguerites, un agrandissement photographique tiré blanc dans la chambre noire en chaleur. C'est comme une carte retournée jouée cash au poker sur le tapis vert jauni de soleil. Tout se précipite sur place. Les couleurs, Reine, l'échiquier nouveau des couleurs. Un café sur le banc devant l'océan, la peau s'enveloppant d'une autre peau, les mouettes tranquilles se laissant flotter, j'en compte huit, là, isolées, oisives, faisant de la figuration à vingt mètres... Tiens, elles sont vingt-cinq, à présent. Hier, l'île était protégée par sa brume de nuit, dispositif de dissimulation pour bateau clandestin, le jour voulait rappeler son bord de nacre. Aujourd'hui, c'est le bleu épais. Il signe une conciliation entre la forme et le fond, le large et la côte, la surface et les courants, les poissons et les oiseaux, le contenant et le contenu, le visible et l'invisible. Le tour de passe-passe est réussi quand l'eau, très tôt, vers six heures, est du même mercure que le soir après la disparition rougie du tableau. Tartine de mercure étalée par un couteau d'argent. Le sel est en dessous partout. C'est magique. Doux et enthousiasmant. Et puis les premières plaques de clarté. L'île est un grand casino où on peut jouer gros jeu toute la journée, la température est la mise, on n'a pas à s'occuper de ce qui a lieu dans les coins, tout revient à la caisse centrale, au battement de main distributeur glissant en douce les figures aux acteurs. J'enregistre de mieux en mieux les mouvements pour le mouvement des feuillages, il me semble que je suis responsable des tourbillons, drôle d'idée rivée au motif. Je vois de moins en moins ce qu'il y aurait d'autre à faire. Chaque jour est nouveau, chaque heure, rien ne se répète de la même façon. Quand je sens le vertige, un vertige d'attention pure, je vais dans ma cabane, je reste les yeux fermés, je ressors au bout d'une demi-heure, je reprends ma position vide, respiration des talons, j'ai un corps pour faire le vide, n'est-ce pas, je devine une approbation du théâtre, je lui prête mes yeux, mon écoute, ma mémoire, mon nez. L'odeur en rond, sucrée, des troènes... Les rafales fines de l'herbe... La consistance et la résistance pourtant sourdement rongée du bois peint... Dix heures dix, il est temps d'aller se baigner, d'observer à l'horizontale un autre état de l'espace, limites du souffle, des bras, des jambes, des doigts. C'est sans doute le moment où je pense le plus à vous, oui, oui, allongez-vous sur le sable. Mais l'instant qui vous appartient, le plus noir, le plus vénéneux, c'est trois heures de l'après-midi, naturellement, aiguille du crime, trotteuse enragée, feu opaque, on n'arrivera jamais jusqu'à quatre heures, il y a au moins trois jours en un, là, à la verticale, fusion, manque hagard du drogué. Eh bien, Madame de Laume, on peut se vanter! De *transir*! Mais je sais que, si j'arrive à m'endormir, vers cinq heures, je vous aurai oubliée. Complètement. Pas une trace. Vous revenez un peu le soir, moins intense. Et puis la lune se lève, et vous vous effacez à nouveau.

*

La lune, attention, la vraie, pas celle de la mythologie ni de la science à navettes. Pas la simili-déesse ni le tas de poussière. Non, la ronde et solide pièce de monnaie du jeu des reflets, avec ses taches brunes d'Afrique ou d'Amérique du Sud, le rétroviseur du jour écoulé, le jeton des doubles pour rien, apparitions, fées, marées et rosées, va-et-vient du sang, fibre, apparences enfin sans au-delà, sans dieux, sans calculs. Il n'y a rien dans la lune, ni dessus, ni de l'autre côté? Bien entendu, et c'est même pour cela qu'elle est si belle, avec son *chut* de toujours, illusion pour illusion, comme le reste, soleil, fleurs, eau, mouettes, composés chimiques, néant si on veut savoir, infinis replis si on est contemporain du récit. Je suis là, mon fantôme est là, l'ancre est levée, on dérive. Poinçon brillant d'irréalité. Empreinte. Le désir, Reine, rien que le désir — et le vide. Je regarde la lune entre les feuilles du figuier, puis de nouveau, allumant l'électricité, depuis la fenêtre est, je m'allonge sans rien voir. Et le matin me rejoint. Air bleu diffusé d'un coup, eau à peine ridée, immobile.

*

Je serais embarrassé de préciser ce dont j'ai vraiment envie à trois heures de l'après-midi. Faire l'amour avec vous ? Oui. Et non. Vous n'y tenez pas, moi non plus. Et c'est là que notre aventure devient intéressante. Rare, tordue. Vous seriez amusée de me voir en train de baiser, j'en suis sûr. Nous pourrions nous communiquer notre indifférence commune. C'est là que la comédie devient ivre. Il faut que nous le fassions. Je crois savoir comment c'est possible. Vous voyez, je vous avoue tout, c'est la règle. Pouvons-nous en parler ? Non. Laissez-moi la responsabilité de notre dialogue.

— Ce serait divin, Reine.
— Il vaudrait mieux que ça ait l'air d'un hasard.
— Le hasard peut s'organiser.
— Je veux bien que vous soyez en scène, mais pas moi.
— Bon. Je ne me trompais qu'à moitié ?
— Vous ne manquez pas d'intuition.
— Ce sera uniquement pour vous.
— La preuve ?
— Vous m'interromprez, par exemple.
— En pleine action ? (Rire.)
— Pourquoi pas ?
— Mais aucune femme n'acceptera !
— Des prostituées, si. Mais je peux demander à des amies. Elles ne diront pas non.
— Vous rêvez ?
— Pas du tout. Leslie trouvera ça très drôle. Au moins deux de mes étudiantes aussi.
— Curiosité ?
— Complément à mon cours. Concentration à volonté. Nature vaincue. Extase englobante. Etalon réglabe. Dragon chevauché. La Belle et la Bête,

nouvelle version. Mais, surtout, pas de plaisanterie. De la gravité, du sérieux. Effet garanti.

— Vous croyez?

— Elémentaire.

— Mais...

— Ce n'est qu'une suggestion, on verra les détails plus tard.

— Nous n'avons jamais eu cette conversation, Simon.

— Bien sûr.

Non seulement nous ne l'avons jamais eue, mais elle est impensable. Quoique... En y pensant bien... En évaluant les chances... Leslie? Facile. Tania et Odile? J'imagine le scénario : « J'ai une amie qui voudrait faire une expérience. — Quel genre? — Spécial. — Mais encore? — Ecoutez : tout le monde est fatigué des vieux trucs organiques et sentimentaux. Des muscles et des variations psychiques. Si on changeait les données de l'opération? Vous me prêteriez votre corps? — Pourquoi pas. — Il s'agit de vérifier un circuit nerveux. — Magie? — En somme. — Rituel? — Quelque chose comme ça. — Pas question de mère porteuse? — Ah non. Observation du fonctionnement, c'est tout. — Vous êtes le cobaye consentant? — Plus que consentant : organisateur. — Etrange. — Pas tellement. Il faut savoir se servir de soi. — Curieux service. — Militaire. — Le sexe est la continuation de la guerre par d'autres moyens? — Banal. — Vous voulez faire progresser la stratégie? — Oui, les diagonales. Les liaisons manquent de danger? — De sel. — Vous garantissez le secret? — Total. »

Je ne sais pas à quoi s'occupent les autres. Je pars de la constatation simple que l'époque est un désespoir pour qui ne s'est pas inventé une vie privée en relief. Je me souviens, je trie, je conclus, j'agis. Je suis un chimiste. Laboratoire en mer avant d'attaquer les villes... Je prépare mes traitements, mes poudres, mes vaccins, mes sérums, mes solutions, mes potions. Mes variations homéopathiques, mes thermes, mes cures. Un peu de thalassothérapie pour commencer... Lits de varech, courants d'iode... Nage à l'indienne... « Mélancolique lessive d'or du couchant »... « Encore un poète ? — Capsule avant les repas. La poésie doit avoir pour but la vérité pratique. — Quel programme romanesque ! — Vous l'avez dit. »

*

— La poésie fait partie des Etudes religieuses ?
— C'est mon idée. J'ai fondé le département.
— Poésie chinoise ?
— Pas seulement. On repère les explosions subjectives. On classe les irrationnels apparents. Tenez, la botanique...
— La botanique ?
— Fleurs du mal, ce qu'on dit au poète à propos des fleurs, orchidée de Proust...
— L'histoire du bourdon fécondateur ?
— La duchesse de Guermantes est d'une grande vivacité sur le sujet. Notez qu'elle n'a pas d'enfants. Elle demande qu'on expose sa fleur côté cour et côté jardin, dans l'espoir qu'un insecte viendra « mettre des cartes » dans la maison. « Je crois que ma plante est toujours digne d'être rosière, j'avoue qu'un peu plus de dévergondage me plairait mieux. » Pauvre Oriane ! Swann lui a toujours beaucoup parlé de botanique autrefois, il lui montrait à la campagne,

avant son mariage dégradant avec Odette, des « mariages extraordinaires de fleurs, ce qui est beaucoup plus amusant que les mariages des gens, sans lunch et sans sacristie »... Elle insiste, elle insiste : « Il paraît que rien que dans mon petit bout de jardin, il se passe en plein jour plus de choses inconvenantes que la nuit dans le bois de Boulogne ! Seulement cela ne se remarque pas parce qu'entre fleurs cela se fait très simplement, on voit une petite pluie orangée, ou bien une mouche très poussiéreuse qui vient essuyer ses pieds ou prendre une douche avant d'entrer dans une fleur. Et tout est consommé ! » Charmant, non ? Dites-le avec des fleurs ! La duchesse, de nos jours, aurait recours au Gift.

— Gift ?

— Gametes Intra Fallopian Transfer. Cadeau *in vivo*. C'est Tania qui m'a trouvé ce passage.

— Tania ?

— Tania Bernstein, la plus douée de mes assistantes. L'autre est Odile Lange. Elles sont curieuses, raffinées, inlassables. Rien ne leur échappe. Pas une bizarrerie. Ecoutez ça :

« Trouve, aux abords du Bois qui dort
Les fleurs, pareilles à des mufles
D'où bavent des pommades d'or
Sur les cheveux sombres des Buffles ! »...

— N'importe quoi.

— Mais non. C'est d'Alcide Bava, le 14 juillet 1871. Autrement dit de Rimbaud, lui aussi en pleine manie florale :

« Ô blanc chasseur, qui cours sans bas
A travers le Pâtis panique,
Ne peux-tu pas, ne dois-tu pas
Connaître un peu ta botanique ? »

Et voyez comme ma situation présente est décrite (cette fois, c'est Odile qui pense à moi) :

« Toi, même assis là-bas, dans une
Cabane de bambous, — volets
Clos, tentures de perse brune... »

J'aime particulièrement ces « poèmes pour rien » de Rimbaud, comme en promenade désorientée, précise :

« Les salades, les fruits
N'attendent que la cueillette,
Mais l'araignée de la haie
Ne mange que des violettes. »

— Vous êtes devenu végétal ?

— Végétal, liquide, gazeux, minéral, animal, astral, littéral. « La première entreprise fut, dans le sentier déjà empli de frais et blêmes éclats, une fleur qui me dit son nom. » Et encore : « Tel qu'un dieu aux énormes yeux bleus et aux formes de neige, la mer et le ciel attirent aux terrasses de marbre la foule des jeunes et fortes roses. » Vous savez que, par mon nom même, je suis un chêne. Rouge. Le bois de Boulogne s'appelait autrefois le bois de Rouvre. Je boucle la boucle. J'écoute mes oiseaux, je prends conseil de mes racines, je nourris mes porcs, la foudre m'ignore, le vent me parle et la pluie me berce, je pense au moins autant qu'un roseau, la nuit ne me fait pas peur, j'en ai vu de toutes les couleurs, je suis creux, il y a un mystère dans mon tronc noueux, la justice se rend sous mon toit, les généalogies me copient et les siècles, à travers moi, se confient à l'ombre.

— Vous feriez très bien dans le parc du château, en Touraine.

— J'y suis déjà, je vous vois.

*

Le matin, c'est encore sept bleus différents : celui, clair et profond, du ciel haut; le bleu-blanc plus chaud du ciel bas; le bleu-vert de la côte; le bleu cobalt océan central; le bleu turquoise océan latéral; le bleu-noir près des digues; le bleu renversé dans l'eau plus calme du lac. Et au moins une dizaine de verts : l'herbe ici et l'herbe là, pin parasol, laurier, acacias, fusains, rosiers et lilas... Et puis les plaques de soleil, inégales, variables, plus ou moins sensibles, on dirait, selon les parfums.

J'ai envie de vous attirer dans ce tourbillon. Il s'agit bien de produire une fleur jamais vue, non? Qui n'aurait jamais dû pousser là où on la trouve? Au cœur de l'acier, du béton? Au fait : comment vous arrangez-vous pour ne pas parler de moi à votre analyste? Je vous entends lui raconter pour la deux centième fois le drame de votre sevrage; le souvenir-écran de votre père séducteur; les différents serpents qui vous ont sifflé aux oreilles; vos quintes de toux à douze ans; vos vomissements à treize; votre rhume chronique à dix-sept; votre fragilité hépatique à vingt-deux; vos insomnies depuis; vos idées de cancer, de fibromes; votre souci de maigrir pour enfin grossir de la seule façon qui le mériterait... Bon, je vous emmène à Urbino, nous écoutons un concert à la fin de l'après-midi pendant que la campagne se modèle sur tous les canons de la perspective; je guide vos lectures, poèmes ou astronomie; votre confesseur vient de passer; deux de vos suivantes sont très jolies; je ne leur suis pas indifférent; tout cela se combine... L'atlas de Ptolémée... Les intuitions de Copernic... Les lentilles de Galilée... Ai-je dit qu'il fallait que vous cessassiez d'aller à la messe ? De remplir vos devoirs ? D'être une épouse attentive ? Une mère attendrie ? Non, non... Le dîner nous attend, la soirée sera longue. Nous rentrons dans la grande salle du palais, les flambeaux nous rendent nos ombres. La géométrie respire, invisible. L'algèbre nous protège. Permettez-moi de vous montrer un nouveau sextant qui sera très utile aux navigateurs des terres inconnues... Un sextant ? Quel mot délicieux !... Et l'étoile Polaire ? Comment se débrouiller avec l'équateur ? Mais tout reste à inventer, justement ! Vous croyez ? J'en suis sûr. Vous êtes toujours professeur au C.E.R., Simon ? Mais oui, pourquoi ? Vous voulez travailler le chinois ? Nous pouvons aller tout de suite au Tibet si vous voulez... Roue des métamorphoses ! Terrasse du monde !... Ni vus ni connus... Je suis un papillon déguisé en homme, et vous une abeille masquée en femme : nous volons tranquillement sur le bord d'une rose, quel mal y a-t-il à cela ? Au-dessus d'un lis ? Encore mieux. C'est même plus convenable. Et, en plus, avec un Y ! Lettre volée... Consommée !...

*

Je m'amuse, je vous écris à la bougie près de la fenêtre ouest, je fais comme s'il n'y avait jamais eu d'électricité, d'eau courante, de gaz, de téléphone, d'antennes, d'ondes, d'images bavardes et vendeuses expédiées dans l'air. Table rase et torse nu, je vois à peine mon papier, ma main court, en bas, dans les ombres, les spectres dont vous faites partie viennent trembler dans la flamme, j'ai acheté un porte-plume exprès pour cette fantaisie. Bonsoir. Pour ne rien vous cacher, je voulais me rapprocher de ma Leslie surgie des photos de famille, de ma belle Irlandaise mangée par le temps, je la regarde, maintenant, sombre et rousse, robe noire et collet monté, collier d'or, chignon tiré en arrière, nez droit, yeux verts, j'imagine, d'où venait-elle, où allait-elle avant d'être happée par ma nébuleuse de poussière — et toi aussi, tu retourneras en poussière ! —, croisement là-haut, dans les étages, avec ce fringant officier de marine, comme on dit (il est dans l'album, sur son trois-mâts : je l'y abandonne). La belle Irlandaise... Mais oui... Courbet... L'amie de Whistler... Qui s'appelait comment, déjà ? Jo... Johanna Heffernan... Portrait de trois quarts, à la Bellini, cheveux flamboyants épars, chemisier dentelle, longues mains doigts d'ange, air tendu, décidé... Il y en a, des boucles, des torsades, des rayons, des frisures, des forêts, des mèches, dans cette chevelure de feu ou de sang doré qui déborde... Jo !... La revoici dans *Le Sommeil,* c'est bien elle... L'enlacement affalé et repu d'Albertine et d'Andrée, de Delphine et d'Hippolyte... Epaves, pièces condamnées !... Belles hantées devenues hantises... Est-ce qu'elles auraient pu se connaître, Leslie et Jo ? Je rêve. Je les vois. A la bougie ! Ça y est, j'ai la fièvre. Ça m'apprendra à jouer à la panne d'électricité en plein océan ! Misses Abott ! Johanna ! Leslie ! Au bord de la Seine ! Dans le lit ! Matelas monté jusqu'à moi ! Draps moites ! Non, non, ne va pas te coucher, pas encore. Tu as avalé une petite gorgée de poison, tu dois attendre l'effet des cellules, nappe douce des veines, buée souffle en cerveau couvert... Plus je la regarde, pourtant, moins elle a l'air commode, ma Leslie du dix-neuvième... Ou alors, elle cachait bien son jeu, corset, corsage et migraine, à l'escale, pour son capitaine même pas corsaire... Ce qui ne l'a pas empêchée de fabriquer d'une façon ou d'une autre, à travers sa fille, la légère Marie que voici à cinq ans, dans sa robe à volants, montée sur une table de guinguette au bois de Vincennes... Marie, ma grand-mère... A la bougie !

Si on commence avec le vertige des origines... C'est vous qui me l'avez donné, Reine, avec tout ce que devait faire votre arrière-arrière-arrière-grand-mère à vous, dans le Paris de Whistler, au théâtre, à l'opéra, dans les ambassades ou les ministères. Vous n'avez pas cherché de ce côté-là ? Dommage. Pas d'Irlandaise en vue ? Pas d'atelier ? Pas le moindre modèle ? Pas de fille de musicien faisant cracher son amie, à la campagne, sur la photo de son père ? Exprès pour se faire surprendre du génie du lieu ? « Rose, pelotonnée comme une grosse chatte, le nez mutin... disant avec des éclats de son rire voluptueux : " Eh bien ! si on nous voit, ce n'en sera que meilleur. Moi ! je n'oserais pas cracher sur ce vieux singe ? " »... Où en étais-je, ma flamme ? Ah oui, Leslie... Rien à voir, en tout cas, avec ma Leslie d'aujourd'hui en train de faire (voyons, quelle heure est-il ? Minuit, donc six heures de l'après-midi là-bas) quelques courses dans Madison avant de rentrer chez elle, à Central Park West... Si je lui téléphonais tout à l'heure ? Toujours à la bougie ? Non, du calme. Elle m'appellera. Elle appelle toujours. Par exemple (ça va venir) :

— Simon ? Je m'ennuie de vous. Vous ne venez pas à Paris dans dix jours ?

« Prends-moi, maintenant, fous-moi, mets-moi bien... Plus fort, salaud, donne tout, donne »... A la bougie ! Au cierge !... Vous vous rendez compte de ce que l'électricité a obnubilé comme possibilités ambiantes ? Sur les guéridons, sur les cheminées, près des lits ? Mes yeux se fatiguent, je délègue ma plume...

Déshabiller son arrière-arrière-arrière-grand-mère ! Et, de là, l'Irlande entière ! Toutes les moelleuses Mollys ! Ce n'est pas toutes les nuits ! Par la canne de saint Patrick !

*

Décidément, les expériences de pointe se passent aux Philippines... Ah, les îles !... Ecoutez-moi ça : « Le premier cas de transmission du sida par relation entre femmes s'est produit à Manille. Il s'agit d'une jeune danseuse de vingt-quatre ans, actuellement infectée par le virus, et qui déclare n'avoir eu d'expériences sexuelles qu'avec d'autres femmes. Ses symptômes sont pour l'instant une toux sèche et la perte d'appétit. Elle affirme n'avoir eu aucun contact amoureux masculin, ne pas se droguer et n'avoir jamais subi de transfusion sanguine. De quoi donner sa langue au chat, concluent les médecins, pour qui la seule explication est donc la transmission entre femmes. » Salive ? Lait ? Règles ? Sueur ? Quelle planète d'hôpital ! Quelle baignoire ! Mais « Rudy le Loup », à Londres, n'est pas mal non plus. Dans la grande tradition italienne. Il est styliste, adoré de ces dames, ascension fulgurante depuis le simple poste de vendeur chez Saint-Laurent. Sept cents noms célèbres dans son carnet d'adresses, il apprend qu'il est contaminé, sa vengeance contre la mort s'organise, il passe à la vitesse supérieure, étrangle quatre de ses amants de rencontre avec des foulards, leur coupe la langue à coups de dents, les mord, les taillade au canif, les couvre d'excréments, recommence... Boîtes spécialisées, Market Tavern, Heaven, Prince de Galles... Célèbre pour son loup, son jean déchiré, ses chaussettes rouges, ses bottes espagnoles à talons hauts, son signal de position : mouchoir noir débordant de la poche revolver, masque à fermeture Eclair hauteur bouche... Il a même une maison spéciale de tortures, « le Donjon ». Quatre mille partenaires minimum, plus la prostitution pour le plaisir à deux cents livres la livraison. On l'arrête. Il ne pouvait pas faire autrement. On rouvre des dossiers sur des cabrioles du même genre, à Paris, Amsterdam, Berlin, Hambourg, Los Angeles, New York. Cadavres un peu partout. Virus en vrille. Welcome to hell ! New game ! Coup de projecteur sur les toilettes. Bas de soie, merde, squelettes, accélération du film. Ce n'est rien : excellente atmosphère pour le poète-philosophe, peste d'Athènes en plus vif, rappel des grands principes, aimants, tourbillons, tremblements de terre, cyclones, météores, révolutions, arcs-en-ciel. Vénus mène la danse des atomes, chute, vide, grossesses, avortements, injections, bubons, chancres, coke, ondes courtes. Et roule ! Et croule ! Au loto !

Jupien à Charlus : « Vous n'avez pas votre préservatif ? Grand gosse, va ! »

Furieux, le baron l'étrangle.

Fuite épouvantée du narrateur.

— Comment, tu connais la petite Laume ? Reine de Laume ?

— Je l'ai rencontrée par hasard il y a quelques mois.

— Une vraie allumeuse, non ?

— Ah bon ? Quand ? Comment ?

— Tu débarques, mon vieux, c'est déjà les annales...

Le soir où Xavier m'a lâché ça...

— Mais, comme tu as dû t'en apercevoir, elle

n'aime que les femmes. Sa dernière amie est morte il y a deux ans dans un accident de voiture. Elle est inconsolable. C'est Delgrave qui m'en a parlé.

— Delgrave?

— Sa femme est une cousine de la mère de Reine. Elle t'a quand même dit qu'elle avait essayé de rentrer au Centre l'année dernière?

— Non.

— Non? Bizarre. Elle a présenté un projet qui n'a pas été retenu, malgré l'intervention du patron. C'était quoi, déjà? Une poétesse russe...

— Tsvetaïeva?

— Voilà... Rédaction scolaire. Aucun intérêt. Russe approximatif. Le sujet? Poésie et expérience mystique, un truc dans ce genre. Curieux qu'elle ne t'ait rien dit.

— J'ai dû oublier.

— En tout cas une fille très snob, mondaine, richissime, il paraît. Il faut avouer qu'elle a quelque chose. Elle a eu une histoire vaseuse avec un journaliste soviétique, elle s'est mise à aller tout le temps à Moscou, il semble même qu'elle voulait l'épouser... Chic, non? Je ne l'ai vue qu'une fois, elle m'a fait des avances sur un de ces tons supérieurs...

— Il y a longtemps?

— Un an et demi, je crois. Tu la dragues?

— Oh, tu sais, juste un dîner chez des amis... Cela dit, elle ne m'a pas paru idiote.

— C'est possible. Enfant gâtée. Le Centre comme titre supplémentaire? Elle est duchesse ou quoi?

— Marquise.

— Sans blague?... De Laume... De Laume...

— Ne cherche pas, c'est dans Proust. Mais avec

des. Des Laumes. Oriane, duchesse de Guermantes, princesse des Laumes.

— Marrant. Tu es snob ?
— Moi ? Avec Tchouang-tseu ?
— A propos, ton bouquin ?
— *Piano*... Et toi, tes gnostiques ?
— Il y a encore un conflit d'interprétation avec Mainz, tu sais, le type des Proverbes en judéo-persan... (A partir de là, Xavier se lance dans un de ses développements favoris.)

Voilà. C'était pour que vous sachiez que je savais, Reine. Et, bien entendu, presque depuis le début.

Je continue ?

*

— Comment allez-vous ?
— *Et vous même ?*

Vous ne m'avez répondu ça qu'une fois, mais je m'en souviens comme d'une explosion sonore. Ce « et vous-même » était pincé, aigre, agressif, il se voulait ironique, en retrait alors qu'il n'était que vulgaire, signifiant, en somme : « Comment ? Vous êtes encore là ? pour qui vous prenez-vous ? comment va sa pseudo-majesté elle-même ? vous êtes décidément toujours aussi banal et aveugle en étant le même » (ici, une pointe d'envie). Mais il y avait aussi quelque chose d'inconscient et, comme j'étais resté quinze jours sans vous appeler, le message sous-jacent disait aussi : « Vous m'aimez ? Vous m'aimez toujours ? »

Et vous m'aime ?

Au vinaigre, au ressentiment, à la rage fondue et froide, mais en même temps avec une sorte d'éblouissement incrédule : « Comment, il serait possible qu'un *vous* m'aime ? » Ou encore : « Vous savez que je suis malgré moi, contre moi, un *vous* qui vous aime ? Et que j'ai pris la ferme décision — " j'ai mon mot à dire " — qu'il n'en soit pas ainsi ? Jamais ? Et que, pour cette raison, je vous renvoie à votre physique ridicule et limité de vous-même ? Là ? Une bonne fois pour toutes ? » Comme si vous aviez laissé échapper avec exaspération — impossible ! — : « Et ta sœur ? » Voire pire — impossible ! impossible ! — : « Et mon cul ? » Ou encore : « Vous êtes bien toujours dans les mêmes dispositions accablantes ? Vous n'avez donc pas compris que je voulais que vous ne soyez plus le même ? que vous ne soyez plus, *tout court* ? »

— Vous admettez qu'on n'ait pas la même conception du monde que vous ?

Tous ces *mêmes*... C'est bien le leitmotiv de votre discours : « Je vous déteste, je vous hais comme moi-même, et d'ailleurs, si j'étais vous, je ne m'aimerais pas davantage. Comment voulez-vous que je vous aime si vous vous aimez vous-même ? Comment pourriez-vous m'aimer alors que je ne m'aime pas en n'aimant que moi ? » Je pense à une de mes amies italiennes, qui avait l'habitude, en faisant l'amour avec moi — et avec entrain, je vous assure —, de crier les dents serrées mais le vagin bien ouvert, soi-disant parce que je ne voulais pas partir en vacances avec elle, mais en réalité parce que seule mon inertie sentimentale l'excitait : « Ti odio ! ti odio ! » Ce qui donnait un magnifique O Dio ! passionné et involontaire adressé à elle-même : ti odio ! toi ô dieu ! *Et vous-même ?* Va, je te hais quand même ! Ah, salaud, j'ai joui ! *Goduto !*

Je n'ai jamais bien compris pourquoi on parlait tant d'ambivalence des sentiments, ou de la chimie amour-haine... Il y a la haine humaine, et c'est tout, avec ses couleurs d'amour. Comme c'est clair ! Comme c'est logique ! Regardez Oriane, votre superbe grand-tante de fiction au pluriel, quand elle parle, travaillée sans le savoir par son obsession de grossesse, de Madame de Cambremer comme d'un « troupeau de vaches », de la reine de Suède comme d'une « grenouille en couches » ou, encore mieux, de l'amie de Saint-Loup, la pauvre Rachel arrivant pour réciter chez elle avec un bouquet de lis à la main et d'autres lis sur sa robe : « J'ai tout de suite compris qu'elle n'avait pas de talent quand j'ai vu les lis ! »... Elle ose, sous prétexte de dire des vers, demander la permission d'être enceinte de mon cousin ! A moi ! Chez moi ! Un comble ! Alors que mon orchidée reste en panne au balcon ! « Vous admettez qu'on n'ait pas la même conception du monde que vous ? » sur le ton de : « Moi, je n'oserais pas cracher sur ce vieux singe ? » *Conception du monde !* Je l'adore, votre *conception*. Je l'adore, parce que je la hais comme je l'admire.

Autre chose : quand vous reprenez, avant de répondre à une de mes questions banales, le début de ma phrase en en transformant le sujet. Moi : « Qu'est-ce que vous en pensez ? » Vous : « Qu'est-ce que j'en pense ? » (silence). Ou encore, moi : « Qu'est-ce que vous allez faire ? » Vous : silence... « Qu'est-ce que je vais faire ? eh bien, je crois que... » Il y a des moments où cela vous arrive systématiquement, j'ai presque failli vous le souligner. C'est beau, c'est somnambule. J'ai disparu, vous ne m'entendez plus que réverbéré par votre propre voix, c'est pour vous un moment de perte et de souci très intense. « Qu'est-ce que *je* ? », dites-vous alors. Et ce qui est dramatique, lumineux, évident, un peu étonnant quand même, c'est que votre

voix répond exactement, comme chez presque tout le monde, *que vous n'en savez rien.*
— Comment allez-vous ?
— Comment je vais ? Je n'en ai pas la moindre idée. J'espère qu'il en va de même pour vous. Je dors debout. Je ne voudrais pas me réveiller, et c'est pourquoi, Simon, vous êtes un mauvais rêve, un vivant cauchemar.
Et vous-même ?

*

Eh bien, ce « vous-même », je vais vous dire quand il s'est une fois de plus senti bien, vraiment bien, le mieux possible. Après avoir baisé avec Leslie, la dernière fois, à trois heures du matin, quand elle a été repartie chez elle. J'ai avalé trois gorgées de whisky à la bouteille, je suis descendu, tout était silencieux, désert, à l'envers. Boulevard Saint-Michel, boulevard Saint-Germain. J'ai marché deux heures en regardant les vitrines, quel spectacle de nuit, robes, lingeries, souliers, vestons, pantalons, pulls, chemises, cravates... Et tout le monde, en haut, nulle part, en train de dormir... Vous voyez comme c'est simple. Dans le même registre, voilà, il est deux heures de l'après-midi, il fait très beau, Leslie vient de jouir et de me quitter, je prends l'autobus, je reste derrière, sur la plate-forme, au soleil, c'est tout droit jusqu'à l'immeuble du Centre, on traverse, on traverse, arrêts, descentes et montées pressées, mais il n'y a personne, finalement, cigarette et lumière, Luxembourg vert, drapeaux anglais, américain, japonais du Lutétia, c'est la fête. De temps en temps, Leslie prend une chambre à l'hôtel, je sors du bureau vers quatre heures, on baise et on prend le thé, je reviens sur mes papiers vers cinq heures et demie, c'est parfait. Rien à dire. Et si vous n'étiez pas là, petite pute de vampire de merde, adorable marquise de mes couilles, vicieuse propriétaire du néant buté, il n'y aurait réellement rien à ajouter. Mais vous avez décidé d'acheter mes traces (dieu sait pour quelle raison, par quelle lubie de milliardaire blasée gardant malgré tout un intérêt trouble, malade, pour les coulisses de la métaphysique, d'où venons-nous, où allons-nous, est-il vrai que la question n'ait pas de sens, pas plus que qui sommes-nous puisqu'il n'y a pas le moindre *nous,* attention, ne dites jamais ça à personne), je vous les vends avec l'honnêteté et la discipline éprouvée du philologue, en somme.

Analyses, équivalences, rapports. Oh, dites-moi, je perds mon paysage, je néglige ma cabane de méditation, au bout du jardin, à droite. La tempête l'a démolie, l'autre nuit, deux branches de pin sont tombées dessus, le vent et la pluie l'ont ravagée, je la reconstruis aujourd'hui, léger vent du nord, retour du bleu ridé, mouettes fatiguées, flottantes. Je viens de déjeuner, concombres et yaourt, eau fraîche, une pêche, café au soleil. Ce soir, Mag Wolf me cuisinera deux soles grillées, un peu de vin blanc, café de nouveau, et bonsoir, je reprendrai le chemin du noir. Je me couche et je me réveille tard, j'essaie de m'éveiller de la tare qui entraîne la noyade et le châtiment dans le temps (j'espère que c'est le genre de phrase qui vous fait rire, merveilleuse salope). J'ai recommencé mes exercices de mémoire, je fais défiler les années, on oublie presque tout, c'est effrayant, ce puits d'ombre, ces zones d'amnésie coulées en vous de partout, les années, donc, les saisons, les mois, les dérapages, les morts, les voyages, les grandes douleurs, les pleurs, les peurs, les excitations, les bavardages, que faisais-tu exactement ce jour d'avril-là, ou bien en automne, en vélo, du côté du phare ? Il est bien embêté, l'acteur, il ne sait plus exactement. On habite une fuite de corps, une courbe d'annulation douce. Et cette année-là en hiver ? En réalité ? Jour après jour ? Il a dû se passer quelque chose d'important puisque rien ne répond... Oui, mais quoi ?

— Il est fou, votre Xavier Roche ! Je n'ai jamais essayé d'entrer au Centre ! Je ne l'ai vu qu'une fois, après une conférence de Delgrave... Lequel... Enfin, passons, tous des obsédés sexuels ! Et mythomanes, en plus !

— Comme moi ?
— Vous, c'est différent.
— Pourquoi ?
— Ah, voilà. Peut-être parce que vous l'êtes davantage ? Que vous avez dépassé, je ne sais pas, moi, le point où ils tournent en rond ? Vous avez vu l'air agité, moite, globuleux, sinistre, de Delgrave (oui, oui, Reine, encore !), le côté sec et oblique, un peu baveux de Roche (pauvre Xavier ! mais sa *lippe,* il faut le reconnaître...). Je ne voulais pas vous le dire, mais ils ont passé leur temps à vous casser du sucre sur le dos.

Delgrave, sans doute (je l'entends d'ici : « un amateur, il ne fait pas grand-chose »), mais Xavier ?

— Si ! Si ! Vous manquez d'originalité ! Vous l'avez copié dans votre livre sur le bouddhisme !

La meilleure... Alors qu'il m'amène un jour un tiré-à-part d'une revue spécialisée américaine, avec un petit discours du genre : « Tu m'excuseras d'être un peu allé sur tes plates-bandes, mais à part quelques recoupements inévitables, tu verras que c'est sans rapport et que le style appartient à la postérité spirituelle de Duyvendak... Evidemment, comme toujours, il y aura quelques imbéciles pour me mettre dans ton sillage... » Cinquante pages pompées sur moi ! Ligne à ligne ! Avec les mêmes tics ! Mes meilleures trouvailles ! Sur un détail capital jamais abordé par le classique hollandais ! Encore un coup de Benstock, à Yale, pour m'effacer ! Pour mieux faire mousser sa molle et lépreuse compilation (obséquieusement citée, dès la note 2, par Xavier). Benstock qui se ferait circoncire trois fois par jour plutôt que de mentionner mon nom (je peux être sûr que, dans chacune de ses publications, il n'y a rien, dans la bibliographie, à la lettre R — la lettre R m'appartient —, la bibliographie étant d'ailleurs la seule chose que je regarde chez lui).

— Mais Xavier est spécialiste des gnostiques...
— Un obsédé ! Comme Delgrave ! Ce vieux cochon m'a poursuivi pendant un an, je ne savais plus où me mettre ! Sous prétexte de rendre visite à ma mère, il voulait sans cesse m'inviter à déjeuner, à dîner, à prendre un verre, je ne savais plus quelle excuse inventer ! Quel crampon, quel raseur, quelle vieille poule hystérique !

Delgrave vous courant après avec sa calvitie rougeaude, sa transpiration chronique, son gros ventre ?

Adorable chérie ! Lumière de ma vie ! Sœur ! Sponsœur !

*

Le plus étonnant, c'est la bonne foi et la sincérité aveugle de Xavier dans l'appropriation intellectuelle. S'il le pouvait, bien entendu, il irait jusqu'à supprimer mon nom, comme Benstock. « Rouvray ? Plutôt un débroussaillage de la question, non ? Des approximations, rien de neuf... Impressioniste... L'essentiel était déjà chez Duyvendak... Bon, il aura hâté la transition vers les nouveaux points de vue, je ne dis pas le contraire, on peut même, dans une certaine mesure, lui en être reconnaissant, mais ce n'est pas parce qu'on formule ce qui est dans l'air qu'on réussit une réinterprétation globale... D'ailleurs, Duyvendak lui-même... Oui, bien entendu, c'est l'acte de naissance, incontournable... Quoique... En prenant du recul... » On est spécialiste du vide, du non-être, de l'indicible et de l'impalpable, de l'inénarrable et de l'ineffable, de l'invisible et de l'inaudible, de la sagesse transcendante et du détachement radical de l'enfer, du paradis et du purgatoire, mais les passions restent les mêmes, n'est-ce pas ? Vanité, la seule substance qui ne soit pas vanité... Et, d'ailleurs, ma réaction le prouve. Alors que le soleil est là, que l'air bleu ne demande qu'à m'absorber. Que le sel résume l'horizon. Que les papillons blancs font sentir l'absence de vent. « Sabbatique ? Vous êtes sûr ? »... Si Delgrave savait *pour qui*... Vous comptez le lui dire un jour ? Vengeance ? Lui qui vient encore de m'adresser un message indirect dans *Vibration,* article sévère sur les perspectives du Centre (des crédits ! des crédits !) : « Les études chinoises, notamment, devraient être réorganisées et développées... » Ah oui ? Comment ? Dans quel sens ? Le 56 de Lao-tseu, par exemple ?

« Il bouche les entrées, il ferme les portes.

Elle (il) émousse ce qui est aigu, elle (il) débrouille ce qui est emmêlé, elle (il) tamise ce qui est lumineux, elle (il) égalise ses traces. C'est ce qu'on appelle : l'Egalité mystérieuse. » (Traduction Duyvendak suivie par Rouvray.)

Traduction Benstock louée par Xavier :
« Bloque toute ouverture,
ferme toute porte,
émousse tout tranchant,
dénoue tout écheveau,
fusionne toutes les lumières,
unifie toutes les poussières »
(ce qui, en voulant s'imposer, ne veut plus rien dire, mais je ne vais pas entrer dans la démonstration qui insiste sur le passage du Saint (il) à la Voie (elle) par identification harmonique).

Reine, Reine, j'aurai quarante ans bientôt, j'entre donc dans la partie décisive. Jusqu'à dix ans, monde passif enchanté. De dix à vingt, expériences. De vingt à trente, circulations, voyages. De trente à quarante, pièces du jeu et contrats. Après quoi, j'imagine, on doit se préparer au feed-back, à la rétroaction générale où tout compte double et où les erreurs sont multipliées par cent. Trop tard pour corriger ! Accepte ! Encaisse ! Que dit le 40, déjà ?

« Le retour est le mouvement de la Voie. La faiblesse est la méthode de la Voie.

Le ciel et la terre et les dix mille êtres sont issus de l'Etre ; l'Etre est issu du Non-Etre. »

Version Benstock-Xavier : « Tous les êtres du monde sont issus de l'Etre ; l'Etre est issu du néant. » (Peut-on faire plus plat ? Plus faussement philosophique ?)

*

Le terme chinois est *wou*... Non-être, néant si l'on veut, mais dans le sens d'indéterminé absolu, contenant en lui la détermination concrète sous toutes ses formes... Ce qui ne veut pas dire grand-chose, avouons-le. J'ai nagé, j'ai dormi, j'attends la disparition du jour. Il y a eu du vent, il n'y en a plus, le tonnerre a grondé au large mais l'orage n'est pas venu. Rétraction. Repos. Silence bleu du noir pour une nouvelle donne des cartes. *Wou!*

J'ai ouvert la radio. J'écoute les Repons pour la semaine sainte, à six voix, de Gesualdo. C'est de l'I.R.M., comme on dirait aujourd'hui : imagerie par rayonnement magnétique. Voix, vocables, syllabes, fragments allongés, tassés, spirales contre spirales, aigus et graves superposés, rentrant les uns dans les autres comme le ciel dans l'eau et l'air dans l'air, sablier sonore retourné, toutes les dix secondes, par une main mentale invisible. Six ? *Sei voci... Tu sei la voce...* C'est toi, et toi, et encore toi, deux fois trois, la voix qui gémit et rêve, vole au-dessus du souvenir, tu te rappelles quand il y avait un monde, autrefois, il y a si longtemps, un grain de planète aux trois quarts liquide. Le cosmonaute revenant après un voyage de mille ans dans les galaxies : « Bonjour : est-ce que l'*Italie* existe toujours ? »

Dans le rêve de cette nuit, Reine, nous étions ensemble dans le jardin. Ciel chaud rapproché, nous aurions presque pu toucher les étoiles en montant sur le toit, dans les arbres. Je vous tiens la main, nous marchons sur l'herbe, le rêve est comme cette phrase où les temps sont confondus, ou plutôt répartis. « On va nous dire quelque chose. » Où ? Sur l'eau. Il faut donc s'embarquer. Mais c'est le moment où vous vous apercevez que vous avez oublié votre sac à Paris. Vite, taxi, l'avion sur le continent, rien à faire, vous devez y aller, c'est plus fort que vous. Dans votre hâte, vous avez emporté les clés de la maison que nous avions fermée. Je me retrouve près du laurier, le vent s'est remis à souffler, je vais donc être obligé de coucher dehors. Fin.

*

Et c'est le vent d'ouest, ce matin, le bleu ratissé par l'air, le bateau avance à vive allure, toutes voiles déployées, on ne sait pas dans quelle direction, passerelle, échelles de cordes, souffles, sillage. La lumière gagne sur le gazon. Les huppes fasciées sont revenues picorer dans les pâquerettes. J'imagine que vous êtes à l'arrière, dans votre cabine tapissée de bois de mûrier, vous dormez encore, au fond c'est votre passion : dormir. A tout à l'heure pour l'apéritif. Ça vous changera de vos cadres d'affaires, « challenge », « positionner », « créneau », « top niveau », « deux pour cent », « cinq pour cent ». J'ai acheté, j'ai vendu, j'ai racheté et j'ai revendu. Quant à la culture, que voulez-vous, c'est éternel, la culture, les propriétaires passent, les tableaux justifient les murs, les livres et les films sont toujours les mêmes... Vous voyez quelque chose à l'horizon, vous ? Du nouveau ? Du vraiment nouveau ? Plaine qui verdoie, soleil qui poudroie, bourse qui s'accroît, populations qui merdoient... Licence pour les uns, licenciement pour les autres. Comme vous êtes pâle, pourtant ! Restez au lit, je m'occupe de tout, je défie les paquets de mer, je vais mettre le pilotage automatique pour aller vous voir, je vous apporte une tisane. Comme vous avez l'air vidée, pauvre enfant... Comme si vous aviez affaire, chaque jour, à un sournois Dracula... Vous en sortez toute exsangue, les yeux lourds, brillants... Peut-être même avec une dent de devant qui perce? Une dent de sang? Oui, oui, cette légère crispation des narines, et la lèvre supérieure, là, frisson... C'est fou, une fois de plus, ce que vous pouvez être à la fois petite poule et moyen âge, bergère et cocotte, mercière et « grande dame ». Comment un metteur en scène ne s'en est-il pas aperçu? Cheveux courts et perruque blanche, cuisses un peu fortes, mains fines... Eclat du regard... On pourrait vous habiller de dix façons différentes, mousse, bienheureuse, fiancée, courtisane espagnole, jeune femme réservée, ardente soubrette de Marivaux, passante belle époque, amie de Colette, étudiante appliquée, entraîneuse ambiguë d'un bar exclusivement féminin, secrétaire de direction, prof de maths, psychanalyste, biologiste froid dans le dos... Enfin vous, quoi, madame la Marquise, voyageant incognito dans le temps... Venant poser tous les ans, en mars, dans un Signorelli ou un Murillo... Un peu voilée... A genoux... Ou bien à votre secrétaire, en train de lire... Assise... Le buste penché... Allô?...

*

— Mon ami... Enfin, mon amant...

Votre voix enjambant les sons... De *mi* à *mant*, comme si vous aviez dit : « à la campagne; enfin, en Touraine »... Là où vous allez d'habitude, simple précision géographique, indice de localité. Code postal. Sans vibration particulière. Ton neutre, toute votre perversité est là, vous savez très bien ce que vous faites, « mon amant », celui-là ou un autre, ce pourrait être vous, Simon, ou encore un autre, mais de toute façon... « Mon amant », *comme on dit* (milligramme d'ironie). Mais il y a aussi : un amant qui est aussi un ami... *Plutôt* un ami ?... Qu'il faut bien supporter comme amant, c'est ainsi (ici, milligramme de lassitude)... J'ai oublié son prénom... Bernard ? Jean-Paul ?... Ou encore : « mon amant », comme dirait une vraie femme... Mais une femme de votre milieu ne dit jamais « mon amant », Reine ! Jamais !... Ni, d'ailleurs, « mon ami »... Elle mentionne sèchement le prénom et le nom, c'est tout. Mon amant ! Quelle idée ! A moins que le message ait été simplement : « Au cas où vous en douteriez encore, sachez que j'ai un amant. » Non ? Vraiment ? Vous auriez voulu me dire ça ? « Occupée », comme au téléphone ? Non, je ne peux pas le croire... Bien sûr que vous êtes normale et que vous avez au moins « un amant » (j'aimerais autant que vous en ayez quatre ou cinq). Le plus vraisemblable : « Vous savez, un amant, comme on dit, ce genre de fonction inévitable, sans aucune importance, il est très gentil, d'ailleurs, un ami, je l'aime beaucoup, c'est la vie. » La question, dans le film, est automatique : « Il est marié ? — Oui. — Des enfants ? — Un. — Garçon ? Fille ? — Garçon, cinq ans. — Un peu comme moi ? — Décidément... » Tout cela, encore une fois, dans le style « arrangement, sans plus ». La seule fois où je vous ai vue troublée, montée sur la pointe des pieds, émue, rougissante, c'est dans un cocktail en l'honneur de la réception de Delgrave à l'Institut, devant Madame Foyer, oui, Foyer, les parfums... « Comment vont vos fils ? Mais oui, je les connais, nous avons fait du tennis ensemble »... Ah, là, franchement, vous n'y teniez plus. C'est tout votre corps inconscient dressé qui n'était plus que le mot en capitales MARIAGE, pancarte, haut-parleur... J'en étais gêné pour vous, ma petite, je sais, je sais, mais ils peuvent espérer mieux les Foyer, figurez-vous, et d'ailleurs vous êtes trop vieille... Reine Foyer!... Votre rêve dans un panier!... Une mésalliance ne vous trouble pas, au contraire... Avenue Foche... Quatre-vingtième-Rue... Une petite folie aux Bermudes... L'appartement à Genève... La villa en Corse... Celle de Grèce... Une nouvelle hacienda au Mexique, il paraît... Et le château de Normandie avec les Bonnard, les Vuillard!... Les deux plus beaux partis de la jet... Principaux sponsors du Centre... Qu'est-ce que vous faisiez comme grimace!... Bien huileuse, servile, prudeuse... Robe Dior, Saint-Philippe-du-Roule, garden, Lady Di... Vous accouchiez sous vous de trois enfants, là, en bloc, deux filles, un garçon, raflant les propriétés, les actions... « Mon ami, enfin, mon amant »... faute de grives, un merle...

Où étions-nous quand vous avez eu ces mots? Au bar du Lutétia, vous commenciez à venir près de mon bureau, vous buviez solennellement un quart Vichy, pas d'alcool, vos affaires n'avancent pas, Simon... Une fois de plus, vous qui pouvez être si élégante (et ravissante, mais si! mais si!), vous vous étiez spécialement mal habillée, façon de poser vos conditions, être aimée pour vous-même au-delà du raisonnable, et pourquoi pas affreuse, défigurée, infirme, sur un lit d'hôpital? Sans cela, comment y croire?... Un pull à grosses côtes, d'un bleu turquoise agressif, immettable, presque sublime de jacasserie. « Vous n'allez tout de même pas me désirer *encore* comme ça? » Eh bien, si. Impossible de deviner vos seins. Pantalon noir, trop large, disparition de vos fesses... De votre adorable petit cul de pute auto-châtiée... Tiens, je m'applique à vous déshabiller, maintenant, je suis même sûr que vous n'avez pas pris de bain ni lavé vos cheveux, histoire de mettre tous les obstacles naturels de votre côté, « je ne peux pas être un *objet*, cet imbécile doit me voir comme je suis : nulle ».

— Monsieur Rouvray ? Téléphone.

C'était Leslie, elle avait envie de me chuchoter deux ou trois saloperies, en passant... Elle était dans un grand magasin, ça l'avait prise au rayon lingerie. J'ai dû revenir vers vous un peu étrange, d'où, peut-être : « mon ami, enfin, mon amant ». Qu'est-ce qu'elle m'avait dit, Leslie ? Je ne sais plus, sans doute les mêmes choses que d'habitude, déclenchées par la vision de son corps nu dans une cabine, par le contact de la soie, du satin, du coton... « Salaud, j'ai envie que tu me mettes » ou « je voudrais te bouffer, là, tout de suite », des gentillesses de ce genre, auto-chaleur projetée, miroir sonore... Eh bien, c'est comme si vous aviez entendu... Comme si les phrases (pas des phrases, des fléchettes enflammées, déformées par la voix basse sifflée dans l'appareil) avaient ricoché sur moi pour vous atteindre. On ne peut quand même pas supposer que Leslie avait senti, du côté de la rue du Faubourg-Saint-Honoré, que j'étais en train de bander pour vous et votre expression maussade, votre pull d'épouvantail, votre pantalon acheté dans un solde de fripes, n'importe où ?... Pas de transmission de pensée (encore que...), si on peut employer cette expression pour des mouvements de cet ordre qui relèvent de quoi, d'ailleurs ? De l'odorat, comme pour les étalons attirés parfois par une vieille jument sur le retour alors qu'ils ont à leur disposition de splendides croupes de poulinières ? Au point qu'il faut amener la duègne ridée pour leur faire donner, dans un vagin de caoutchouc, leur giclée de foutre inséminable ? Non que je sois en train de vous traiter de vieille jument, Reine, voyons... Celles-là (les vieilles putes) ont eu des amants innombrables, des maternités nombreuses, alors que vous êtes en somme, à vingt-neuf ans, ami ou amant compris, une plus tout à fait jeune vierge... Farouche... Touchante... Bleu criard... Et que vous serez comme ça éternellement, d'après moi... Dans l'énigme... C'est votre côté métaphysique, vous avez raison de penser qu'on devrait vous étudier, vous et vous seule, au C.E.R... En un sens, je suis en train de rédiger mon rapport. « Un cas de virginité paradoxale vers la fin du vingtième siècle. » Ou encore : « Transcendance de la frigidité. » Ou encore : « Le temps immobile : étude sur une jeune femme de l'aristocratie de nos jours. » Ou encore : « Simulation et dissimulation : persistance des pratiques magiques dans les grandes métropoles modernes. » Ou, plus froidement : « La femme introuvable : une exploration. » Le ministre qui se plaint, paraît-il, que nous ne soyons pas réalistes, que nous n'allions pas assez *sur le terrain* ! Le voici, cher monsieur, et c'est plus délicat que le golf, je vous jure !

*

Vous n'avez pas eu droit à la déclinaison en S des titres nobiliaires, Reine, ce *esse* obsessionnel qui est comme un grossissement du nom, une sorte de levain oblique, de rapide grossesse sémantique : altesse, princesse, duchesse, comtesse, baronesse... Vous êtes exquise, vous êtes marquise, votre bâteau brûle et s'écroule, tout va bien. Au fond, par une sorte d'atavisme reconduit génétiquement jusqu'à vous, vous cherchiez un historiographe. Permettez-moi de vous dire qu'avec moi vous êtes bien tombée. Je laisse de côté votre généalogie? Pour l'instant. Le moment n'est pas encore venu de grimper à l'arbre. D'ailleurs, vous êtes parfaitement muette sur ce sujet (double préjugé, cette fois : discrétion aristocratique et discrédit moderniste). Je comprends que vous n'ayez pas trop envie d'évoquer les portraits de famille, escaliers et premier étage en Touraine, les graves et croûteux apparatchiks des siècles, cardinaux, évêques, magistrats, généraux... Il y a peut-être un cas remarquable? Non? Vous êtes sûre? Tous ces jeunes morts, par exemple, à peine nommés... Qui sait? Cette Italienne vers 1830? Ce Laume, à Versailles, brève apparition chez Saint-Simon, une ligne et demie, aucun commentaire : « Le cardinal de Laume, tout à fait tombé de tête et de santé, ne fut pas en état d'y penser »? Bon, bon.

— Et votre Irlandaise?

— Je suis en panne. Impossible de savoir qui c'est. Ou alors, il faudrait faire des recherches.

— Vous avez peur d'être déçu?

— Probablement. Du moment que ce n'est pas celle du *Sommeil*...

— Elles étaient peut-être parentes?

— Ce serait trop beau.

(La radio diffuse les Préludes du Deuxième Livre.)

— Vous écoutez quoi?

— Debussy. La terrasse des audiences.

— Ça pique! Ça roule!

(J'éteins.)

— Vous avez vu, dis-je, quel était l'endroit prévu pour amarsir?

— *Amarsir?*

— Se poser bientôt sur Mars... Le mont Olympe.

Les Martiens n'en reviennent pas. La question reste celle des corps. En état d'apesanteur les muscles et les os s'atrophient, le sang se concentre vers le haut du tronc et dans la tête, un cosmonaute qui revient d'une station orbitale a l'impression de peser tout à coup cent tonnes, il n'arrive pas à marcher, il titube, on est obligé de le soutenir...

— Oui ?

— Vous avez remarqué la fréquence des téléfilms sur les transferts de mémoire ?

— Oui ?

— Un type s'injecte la mémoire d'un mort. Il est peu à peu habité par lui. Schizophrénie intensive. Jekyll and Hyde généralisé. Un juif se retrouve nazi, la réciproque n'a pas été réalisée, il y a quand même un sens de l'histoire... Bref, le bonhomme se retrouve avec deux femmes, une actuelle, l'autre dans le passé, une juive, l'autre antisémite ; il rêve de plus en plus d'épisodes qui ne sont pas ceux de sa biographie ; il est torturé sous un autre nom (jamais bourreau, c'est bizarre) ; tantôt victime des S.S. qui le battent, tantôt des Russes qui le font boire ; il est physicien, naturellement, il doit retrouver une formule mathématique qui est celle de l'autre, qui dépasse de loin, donc, ses capacités normales ; il ne peut plus baiser, bien qu'il le puisse, parce qu'il se souvient de façon de plus en plus nette et cruelle qu'il a été autrefois castré... Ce qui n'empêche pas sa femme la plus récente d'être enceinte et de manger des cornichons casher.

— *Oui ?*

— Je vous raconte la télévision.

— La vraie ou celle que vous imaginez ?

— La vraie. Vous ne la regardez pas ?

— Non. Je sors beaucoup ces jours-ci.

— Tard ?
— Pardon ?
— Pardon.
— Vous délirez sur ce pull-over bleu. Il venait d'un très bon couturier. Quant aux Foyer, je vous laisse à vos fantasmes. D'ailleurs, ils ne sont pas si riches que ça. Et les fils sont idiots. De vraies brutes incultes. Infréquentables.
— Vous montez en ce moment ? Voltes ? Doublés ? Serpentines ?
— Mais oui.
— Comment s'appelle votre cheval ?
— Allons...
— S'il vous plaît.
— Olympe, justement. Une jument alezane. Un ange.

Je pense à vos cuisses étreignant votre femme, Reine, à vos mains légères sur les rênes, à votre façon de sentir la bouche intelligente animale, comme si vous vous teniez vous-même au bout du poignet, dans les jambes... Vous savez vous brider, votre assiette est sûrement parfaite, à l'amble, au pas, au trot, au galop. C'est toute la question. En amazone ? A Deauville, sur la plage ? Ou dans la grande allée du château, sous les marronniers en fleur ?... Avec, dans l'air et les buissons, toutes ces graines... Tandis que la pluie a repris, maintenant, constante et douce, noyant devant mes yeux l'argent gris et vert du ciel et de l'eau.

III

Ici, au bout de trois semaines, un jour vaut dix jours. Le temps se dépose, se détend, je descends avec lui, il se retrouve dans des plis qu'il est seul à connaître, et puis, tout à coup, en surface, rapide, il marque ses écarts, ses blancs. Avant-hier, c'était il y a un mois. Le dernier hiver est plombé dans une série indéchiffrable d'hivers. Des pans de printemps remontent, attentes, marches, échiquier poursuivant sa vie loin de moi. A l'inverse, tenez, je prends ce début d'après-midi où nous étions en taxi ensemble. Je vous raccompagne chez vous, rappelez-vous. Nous traversons la place de la Concorde, je vous dis que j'ai envie de vous embrasser, vous répondez du tac au tac : « Là ? vraiment ? tout de suite ? » Ce n'était pas non, et même plutôt oui. J'aurais dû. Et, en même temps : impossible. Pourquoi ? Voilà vingt secondes qui n'en finissent plus de se dilater, à présent, il s'agit de temps contagieux à l'état pur, il enveloppe la voiture, la place grise, le chauffeur indifférent, l'obélisque et les statues froides, votre corps renversé en arrière, le mien, mon bras passé au-dessus de vos épaules (sans vous toucher !). « Là, vraiment, tout de suite ? » Votre voix, elle, disait : « Ailleurs, plus tard, longuement », ou je rêve ? Je rêve. Ni maintenant ni plus tard. Ton dissuasif et flatté. J'ai embrassé cent fois des femmes dans des taxis mais, bien entendu, c'est ce taxi-là, ce non-acte-là qui surnagent. Négatif cloutant la mémoire. Cercueil d'instant encombrant le courant. Vous n'avez pas tort, en un sens : la frustration, le « renoncement », ça vous boulonne un système, charme empilé et gémissements de prison. Spasmes, occasions manquées, plaisirs en souffrance. Si on choisit cette réalité-là (ou si on se laisse choisir par elle), on n'en finit pas. Ivresse de tomber, chagrin monocorde, le disque. Le programme, en principe, entre homme et femme. Mais pourquoi ?

Le programme ne comporte pas de pourquoi.

La rose non plus, « là, tout de suite », et pas davantage les soucis jaunes près des marguerites balancées par le vent, les soucis, ces fleurs de rien, petite monnaie des jardins, qui résistent à tout, poussent, repoussent, groupés, tenaces, entourant, plus loin, les églantines rouges et les lavaters mauves bien décidés à survivre, eux aussi, malgré l'océan. Et pas davantage de pourquoi pour l'araignée qu'il faut tuer tous les matins dans la douche, ni pour le lézard dans la boîte aux lettres comme une sentinelle dans sa guérite, ni pour les deux mouettes qui ont recommencé leurs piqués. Quand vous êtes venue chez moi, j'aurais dû vous sauter dessus, point. Vous vous y attendiez. Vous auriez fait quelques manières, on ne se serait probablement pas revus, autant en emporte l'oubli, au lieu de quoi je me retrouve en train d'écrire comme s'il y avait quoi que ce soit à écrire, tandis qu'une voix ancienne chuchote : « Continue, continue, la récompense arrive toujours... »

Et la voici : Régine, la fille d'un des marins de

l'endroit, dix-sept ans, blonde, vient de s'installer sur la digue d'herbes folles, juste devant moi, à cent mètres. Elle s'allonge, elle ne peut pas ne pas savoir que je la vois (le type dans la maison, qu'est-ce qu'il fabrique toute la journée?), elle a un carton à dessin et un transistor, blouse blanche, jupe noire, elle s'allonge sur le dos, la lumière lui tombe dessus, l'air fait flotter ses cheveux d'or qu'elle ramasse toutes les dix secondes de la main droite, elle a un alibi imparable, esquisse de paysage, sa jupe est un peu remontée, maintenant, il faut profiter du soleil, rien que de très naturel, même si cet écartement de jambes n'est peut-être pas nécessaire, mais la revoilà bien assise, elle dessine ou fait semblant, visage tourné dans ma direction une fois, deux fois, trois fois, puis rien. Il va revenir, son regard, comme le pinceau du phare. Elle se couche à nouveau dans l'herbe, bras derrière la nuque, elle met ses lunettes noires, actrice, bout d'essai, clip, elle est très belle, mais pas pour les raisons qu'elle croit, un avion à réaction déchire le ciel, regard, allongement, encore un regard, l'ensemble du tableau ou plutôt de la proposition de marché dure, montre en main, vingt-cinq minutes, elle ramasse ses affaires, elle s'en va, elle reviendra, mais pas tout de suite. Il me manque sa bande-son. C'est parfait.

*

Et vous, comment faites-vous quand vous y allez? Je mets mes lunettes. Je me concentre. La bouche, je sais. Et vous devez aimer que ça dure longtemps (mordez-vous chaque fois? une fois sur trois? ou moi seulement, à ce point?). Et ensuite? Caressez-vous votre partenaire ? Jusqu'à quel point ? Vous laissez-vous caresser ? « Embrassez-vous » l'organe génital mâle ? (Vous appréciez, j'espère, la façon dont je bannis de mon vocabulaire les affreux mots rabaissants masculins : branler et sucer. Je compte bien censurer aussi, impitoyablement : mettre, foutre, enculer, ces échardes vocales blessant la substance de ces moments, crème subtile, enveloppante, vaporeuse.) Et pourtant... Etes-vous le plus souvent dessous ? Dessus ? Par-devant ? Par-derrière ? Sur le côté ? Flanc gauche ? Flanc droit ? Sur le lit ? La moquette ? Dans un fauteuil ? Provoquez-vous la pénétration afin de vous en débarrasser le plus vite possible ou bien, au contraire, l'évitez-vous par des préliminaires énergiques ? Mangez-vous ? (Ça m'étonnerait.) Regardez-vous le liquide sortir ? Feignez-vous un orgasme essoufflé ? Tressautant ? Criant ? Hurlant ? Ou plutôt un bref soupir ? Un minuscule gémissement ? (On y est.) Un couinement à peine audible ? Un hoquet furtif ? Adorable instant ! Mystique scansion ! Parlez-vous, Reine ? *Parlez-vous ?* A voix basse ? En articulant ? Vous entendez-vous ? Vous écoutez-vous ? Savez-vous quelle voix vous avez dans cette région fumeuse, profonde ? Possédée ? Rauque ? Gaie ? Ou bien silence ? Allez-vous vous laver tout de suite ? Ou attendez-vous d'être sur le point de vous endormir ? Pilule ? Stérilet ? « Fais attention » ? Quel zoo, ma petite chérie, quel boulot ! Prenez-vous de l'aspirine dans le quart d'heure qui suit ? Un somnifère ? Un tranquillisant ? Ou, carrément, un antidépresseur ? Dormez-vous avec votre amoureux gicleur ? La tête sur son torse (horreur). Ou bien vous retournez-vous de votre côté, dans la tiédeur d'autrefois, seule, un peu transpirante, évoquant vaguement votre emploi du temps du lendemain, pensant « et maintenant trois jours tranquille », puisque vous allez être enrhumée, nauséeuse, chagrineuse, soucieuse, revanche de l'âme que ne soupçonne même pas l'abruti béat qui vient de profiter de votre patience, de votre innocence? C'est le moment où, couchée en chien de fusil, vous pensez à maman, Reine, et au grand toboggan invisible où vous êtes lancée en même temps que maman, et la maman de maman, et peut-être esquissez-vous une prière, ce n'est pas impossible, vous pourtant si sévère dans la condamnation des superstitions de maman, un râle vertical, plutôt, un vomissement suppliant, pendant que vos yeux ont déjà rejoint le matin, battus, larmoyants, et que l'ami-enfin-amant devient déjà l'ami-autrefois-amant avant d'arriver jusqu'à mari-ni-ami-ni-amant, c'est-à-dire au double insatisfaisant de maman, parapluie de nuit, chemise de chair-bourgeon, inconsciente...

*

— Je vous laisse inventer.
— Qui ne dit mot consent.
— Pas du tout.
— Un peu.
— Mais pourquoi des obscénités?
— J'aime savoir.
— Savoir quoi?
— Pourquoi et comment il y a un principe de mensonge dans tout discours. Les obscénités peuvent être simplement un signe de lucidité. Encore faut-il les mettre en situation.
— Le très étrange professeur Rouvray...
Il y a de la sympathie dans votre voix, un amuse-

ment à peine rentré... Vous n'êtes pas vraiment opposée aux « mises en situation », n'est-ce pas ? Mon tableau de paysage marin avec jeune fille, transistor, carton à dessin et très étrange observateur dans l'ombre, a-t-il ramené en vous un moment glissant de Touraine ? Un bois, une grange, une meule de foin ? Un coin de rivière ? L'écurie, peut-être... Ah, l'écurie !... Quelle cure de désirs !... Et la cave donc ! Mieux que le grenier, plus riche. Poussière, lucarnes et sécheresse en haut, soupiraux et noirceur tassée en bas, fraîcheur de bouteille, de quoi vous enrhumer cent fois, mais justement, venez faire un tour, suivez-moi... Pas un mot, on n'allume pas. Ce qui aura lieu ici échappe aux regards comme à la mémoire, il n'y a personne, même pas nous, personne ne saura rien. Mettez la main sur mon épaule, l'escalier, tout est là... Vous aviez oublié l'escalier, trop d'ascenseurs, il y a eu une panne, quel tournant abrupt, attention. Liège, verre de vin entre froid et bois. Rouge-noir, vert sombre, lampe tempête. Nous allons *déterrer* quelque chose, d'accord ? Quoi ? Ah, voilà. Un paquet. Enfoui depuis quand ? La guerre ? Secret ? Cadavre ? Trésor ? On ne sait pas, voilà ce qui nous amuse, Reine, *on ne sait pas*. La nature est une cave où de vivants piliers laissent parfois sortir de confuses paroles. Alors, douce ordure, on se sent bien dans le noir ? Je vous glisse ça à l'oreille, pendant que ma main, la vôtre...

Ce n'est qu'un exemple.

Idiot, j'en conviens.

Revenons en plein jour : marée haute, les bateaux sont de sortie à l'horizon, voiles blanches, bleues, rouges, l'un d'eux, qui doit être à l'ancre, envoie droit sur moi le reflet brillant d'un hublot, léger vent nord-ouest continu, souffle dense, deux huîtriers-pies noir-blanc sont dans le pommier, plutôt de bon augure, tranquille, chez eux... Savez-vous (oui, bien sûr) ce que sont des *spirées* ? Petites fleurs de haies, touffes divisées, violettes... Elles feront très bien, en été, là-bas, sur la gauche... L'espèce sauvage s'appelle la filipendule ou reine-des-prés.

Vous voyez comme je noie le poisson. Hop !

Ils sont pourtant là partout, les poissons, faufilés dans l'eau impassible ? Ni vus ni connus, très peu attrapés, pas de pollution. Vie muette, monde à l'envers du sel, du plancton... Tapis de sols, immensité du désert mouillé, sable en vase... Je viens de me baigner, je suis resté nu sur l'herbe, vent, papillons, fleurs. La route est loin, la plus proche maison est à un kilomètre, je ne sais même pas qui peut y exister (les volets sont ouverts depuis quelques jours, j'ai aperçu le soleil dans les vitres, entre les tamaris, en allant au village avec la Land Rover). Que dit le 80 de Lao-tseu ? L'avant-dernier chapitre, comme par hasard :

« Un petit pays où, bien qu'il y eût un pays voisin à portée de vue, de sorte que de l'un à l'autre on entendît chanter les coqs et aboyer les chiens, les habitants jusqu'à leur mort à un âge avancé ne se seraient jamais fréquentés. »

Pas de chiens ni de coqs. Pas un chat. Il est six heures dix. Le soleil jaunit. Et le 13 de Tchouang-tseu :

« Celui qui connaît la joie du ciel, sa vie est l'action du ciel, sa mort n'est qu'une métamorphose, son repos s'identifie à l'obscurité, son mouvement à la lumière, il ne connaît ni la colère du ciel, ni la critique des hommes, ni l'entrave des choses, ni le reproche des morts. »

Une des mouettes vient de revenir à son poste. Elle

vole contre le vent, ailes battantes, tête et bec penchés pour voir et saisir. Et plongeon gris-blanc dans le bleu.

*

Un rectangle blanc dans la vieille boîte de bois peinte en vert? Une lettre? Un événement. Leslie? Je m'aperçois que je ne connaissais même pas son écriture, haute, inclinée à droite, effilée, un champ de joncs sous l'orage (de vous, Reine, je n'ai que la signature ronde et montante). Lettre d'amour. Bien dans le style de Leslie, un peu forcé, militaire. On sent qu'elle vit la plupart du temps dans la valse des capitaux internationaux, télex, minitels, bras levés des bourses, transformation endiablée de tout dans tout et réciproquement, hausse, baisse, or, métaux, pétrole, dollars et répercussions d'entreprises, dow jones, raids, rachats absorbants, basculement d'empires, euphories, dépressions, manies et calculs. Ah, elle est plus directement business que vous, Leslie, vous avez encore des habitudes de notaire. Au point qu'on est étonné, dans toute cette agitation, qu'il y ait encore de la nature, comme on dit, une nébuleuse de sensations pas encore à vendre, étoiles, sable, oiseaux, comme si la banque et la science (cellules, protons, lymphocytes) étaient obligées de supporter l'affront d'une répétition pour rien, d'une apparence pour rien... Beau temps, mauvais temps, obstination dans les formes, c'est tout ce qu'elle sait dire, la nature? Alors qu'elle est démasquée, animaux compris, jusqu'au fond de ses particules? Quel manque d'intérêt! Quelle lourdeur!

Quoi qu'il en soit, une lettre. Décidée, plaisante,

optimiste, bandante. Que ceci, que cela. Pas très longue, une page, mais gentille. Ne sous-estimons pas l'effort, l'intention, le don. Un être humain qui écrit ! Lui-même ! De lui-même ! Vous savez que c'est désormais aussi insolite que la persistance déraisonnable des arbres et du vent ? Aussi à contre-courant ? *Honey... Je t'adore...* Noir sur blanc... Bribes vite tracées au feutre, dieu sait dans quel contexte, entre deux avions...

J'emporte la lettre de Leslie sur la plage. C'est marée basse. Je commence à la déchirer lentement. Je nourris le large plan de sable désert de son mauvais esprit électrisant les phrases. Mille morceaux. Mille et trois. N'exagérons pas : une centaine, flocons, neige positive de chaleur... Les mouettes posées sur trois rangs parallèles, en repos, ne bougent pas, se déplacent calmement, sans voler. Je fais attention que les mots éparpillés ne soient plus lisibles, vous imaginez les voisins, là-bas, ramassant une pastille de papier, par hasard, tombent sur *Honey, je t'adore* ? Ou, plus compromettant encore, sur *foutre, queue*... Ou encore, lambeau épargné, hiéroglyphe en clair, sur « *j'aimerais que tu te branles en même temps que moi dimanche à minuit pour toi, regarde ta montre* » ! (Six p.m. in New York City !) J'aurais l'air de quoi ? D'autant plus que quelqu'un que je ne vois pas peut m'observer à la jumelle. Mais non, ce sont de simples points blancs que j'envoie devant moi dans les algues. Drôles de semailles. La fièvre ou l'ironie de Leslie... Sa sincérité ou sa ruse... Elle sait que je suis seul en ce moment, autrement dit sans femme surveillante, compteuse, mais justement, c'est pire... Je risque de sortir du marché. J'entrave la plus-value, je détourne les investissements, je risque de devenir — immoralité suprême — une source d'énergie trop vite stockée, inemployée, *de l'argent qui dort*...

Voici donc son fin papier nervuré chinois qui quitte rarement son sous-main de cuir fauve, dans le salon, dans les chambres, renvoyé en confettis aux éléments naturels. Le mot foutre disparaît dans l'écume comme un atome hallucinatoire. Le mot queue ou branler va se perdre parmi les galets. N'empêche, elle m'a fait plaisir, cette lettre. Autre chose que le téléphone, rien à voir, coup de pinceau sous la ligne d'horizon, partage des volumes, pressage des ombres. Jambes blanches de Leslie, cheveux roux. Grain du papier, grain de beauté... J'ai oublié de parler de votre grain, Reine ! Coin de narine droite haut lèvre supérieure, signe de sorcière évident. Promesse d'arrière-plan sabbat. Petit *non* très clair et sous-estimé, en plein visage, lentille, d'obscurité, poinçon-diable... En y pensant bien, je constate que c'est le premier détail que je vois de vous, avec son enveloppe de moue, pincement toujours un peu agacé de bouche, vous détournez la tête, on est obligé de se demander si l'on n'est pas soi-même une mauvaise odeur, un excrément virtuel, une charogne anticipée. En tout cas, une erreur.

Pour en revenir à Leslie, elle me veut « plus libre », c'est son leitmotiv dans les conversations. A l'entendre, si je voulais (mais il faudrait que je me décide, je ne suis pas jeune, ce sera bientôt trop tard), je n'aurais que mon prix à dire, je pourrais m'imposer partout, journalisme, cinéma, politique, affaires. Les affaires sont de plus en plus « communicatives ». C'est le chinois, je crois, qui l'excite, cet énorme supermarché de demain. On a besoin de gens comme moi, à quoi bon végéter dans une existence repliée, médiocre, douteux fonctionnaire d'un Centre musée ?

Oui, je devrais me libérer davantage, et pas en fuyant, comme maintenant, à l'écart. Elle s'en occuperait volontiers de ma liberté, Leslie, avec compétence, énergie, vingt-quatre heures sur vingt-quatre. Tout ce temps que je perds. A faire quoi d'ailleurs ? A faire quoi *exactement* ? Honey, money ! Je réponds simplement « oui, oui, non, non », un peu oui, un peu non, ça l'occupe, il y a longtemps que j'ai renoncé à expliquer quoi que ce soit à qui que ce soit, à justifier mon grain de folie, mon struggle for time. Jamais assez de temps pour sentir le temps. Un quart d'heure est un pays. Une demi-heure un continent parcourable. Si seulement je pouvais m'ennuyer, « trouver le temps long » comme autrefois, dans l'enfance (mais déjà je le trouvais ahurissant de vitesse). Mais non, quarante ans, alerte rouge. C'est fini. Il vaut mieux trier, classer et ranger. Ma charmante rousse, imprésario en liberté, serait catastrophée de savoir ce que je pense... D'apprendre que j'ai passé une heure magnifique à mettre en pièces son message sirène... « Liberté », il y a des statues pour ça.

*

— De sorte que vous pourriez rester immobile ?
— En somme.
— Mais vos projets ?
— Des vérifications à opérer. Vous savez lesquelles.
— Qui pourraient aussi bien ne pas avoir lieu ?
— De toute façon, je travaille pour vous.
— Et Lao-tseu ?
— Il peut attendre. Depuis le temps...
Après tout, Xavier le finirait très bien, ce livre. Je

devrais lui donner mes notes. Il ne dirait pas non. « Rouvray ? Non, il ne fait plus rien, fini. Dommage. Très bon philologue. Pas assez de travail... »

J'ai devant moi cinq photos : Marie, Leslie, vous, Tania, Odile.

Marie, d'abord, ici, dans le hamac, sous le figuier. C'est l'été, elle a un chapeau de paille, ombre et lumière sur son visage et sa robe de coton blanc, elle sourit à Paul assis dans l'herbe, sur la gauche, près d'un hortensia rose qui n'en finit pas d'être en fleur. Il doit être deux heures de l'après-midi en août, le mois où les ombres viennent de passer de l'autre côté de l'année, ressemblent aux nuages bien dessinés dans le ciel comme des empreintes digitales, des cerveaux, des colonnes vertébrales. Le hamac va bien à Marie, elle y est blottie et légère, elle flotte au-dessus du gazon, elle a son air doux. Le 6 août ? *Trans. de N.S.*, dit le calendrier que presque plus personne ne sait lire (les présentateurs et présentatrices de la météo, le soir, à la télévision, ont des éclairs de génie involontaire : demain le soleil se lèvera à telle heure et se couchera à telle autre, nous fêterons tous les Ignace de Loyola... Tous les Thomas d'Aquin, les Charles Borromée, les François d'Assise... Je n'invente rien, je l'ai entendu. Transfiguration ? De qui ? De quoi ? Comment ? Sous quelle forme ? Où faut-il se placer pour observer le phénomène ? Transe ? Transfusion ? Eclipse ? Etoiles filantes ? Aurore boréale ? Arc-en-ciel unique dans l'année ? Ou alors, carrément, beau temps, l'Assomption elle-même ? Pourquoi se moquer des Africains qui ont baptisé leurs enfants *Fetnat*, à cause du 14 Juillet ? *Pres. Seigneur* serait aussi un prénom acceptable. *Epiphanie* pour une fille. Et *Sacré Cœur, Martyrs Dép., Cendres, Avent, Annonc.? Imm. Conc.?*

Où en étais-je? Ah oui, Marie en hamac. Deux heures. Coton. Cordes. Figuier. Le petit vélo bleu de Paul renversé dans l'herbe. Petite famille en navette. Quel était mon nom provisoire, cet été-là? Chat minouchat. Comment? Vous ne connaissez pas la chanson? Mais elle est charmante... Ronde, ballade... Idiote... Irrésistible...

« Chat, chat, minouchat,
N'écoute pas
Ce que te dit ce polisson
Papillon!
Chat, chat, minouchat,
N'écoute pas!
Sinon tu le regretteras,
Souviens-toi! »

Si je me rappelle bien, le papillon fait tomber le chat dans un trou en le promenant de fleur en fleur. Lilas, mimosas, seringas, dahlias, bégonias. Papillon vole. Il rentre de vacances, Paul, une sorte de camp, en Irlande. « Tout s'est bien passé en avion? — Oui. — Pas de secousses? — Non. »

*

Leslie, elle, est en bateau quelque part dans les Caraïbes... Plage arrière, transat blanc, slip orange, seins nus. Cliché de magazine, belle, bronzée, elle sourit. Qui a pris la photo? Son mari? Le propriétaire du yacht, un des hommes influents de Wall Street? Elle dit qu'elle pensait à moi à cet instant-là, pourquoi ne pas la croire? Je suis bien forcé, en la regardant, d'enlever la tache orange du slip, de penser au rebord du lit et la suite. Sortie de pêche lointaine (on aperçoit une ligne sur le pont).

Quant à vous, Reine, vous m'avez donné cette photo avant mon départ (« tenez, c'est ce que vous m'aviez demandé ? »), elle est là, maintenant, au soleil. Robe du soir noire, décolleté rond, collier et bracelet de diamants, vous êtes en train de danser, on ne voit que vous, de trois quarts. Vous êtes seule et pas seule, bon. Vous tendez la main dans le vide, quelqu'un va revenir vers vous pour la prendre, vous souriez de la façon que je n'aime pas, comme on sourit quand il faut sourire dans une photo où on sourit. Je vous mets entre deux images plus banales de Tania, en robe rouge, à la terrasse du Flore, et d'Odile, bien sage, en maillot de bain, dans le jardin de ses parents, en Gironde. Je range la photo de Marie et de Paul. J'hésite à placer Leslie au-dessus ou au-dessous de vous. Finalement :

Reine
Tania   Odile
Leslie

Vous m'avez tendu la photo. J'ai dit (comme d'habitude) :
— Je vous revois bientôt ?
— Mais oui.
— Quand ?
— Je ne sais pas. Bientôt. Je vous dirai quand.
— Mais vous ne dites *jamais* quand.
— Mais si, mais si...

*

— Eh bien, c'est oui.
— Oui pour tout ?

— Oui.
— Les trois séances ?
— Je vous ai dit oui. Prenez les rendez-vous. Je libère ma semaine. L'après-midi, entre trois et cinq.

A ma grande surprise, vous venez d'accepter l'expérience.

Vous voulez donc faire avancer l'action ? Donner son piquant à l'histoire ? Vous comporter comme un personnage de roman entraînant l'auteur dans le rêve de son récit ?

C'est comme si vous veniez de décider de faire un jour publier ces pages. Sous un autre nom que le mien, évidemment.

(Je vois l'océan reflété dans la fenêtre d'est, il coule à travers la vitre, bleu, bleu-vert, sans commencement ni fin.)

Dehors, maintenant, au soleil.

Du calme.

Tableau : type en short blanc torse nu et pieds nus penché en avant en train de penser à la mise en scène de trois coïts observables par la femme qu'il aime et pour qui il doit travailler. Expression : un peu grimaçante (visage en pleine lumière). Coudes sur les cuisses. Mains jointes en avant. Problème aux échecs : son propre corps comme enjeu. Calculs des probabilités d'obstacles et de chances. Aller et retour rapide de la caméra sur le découpage physique et l'ensemble de la situation. Trois points de vue chaque fois. Donc neuf. Phrases à employer pour convaincre, aménager, adoucir, huiler, forcer, annuler. Différence des volumes à construire et à traverser. Hypothèses.

La chambre cent onze, déjà complice. Grande, presque une suite, rideaux gris, ombre déchiffrable. Fauteuil par rapport au lit. Bandeau sur les yeux pour les assistantes? A voir. Gradation des gestes, allegro, adagio, allegro vivace. Leslie. Tania. Odile. Peut-être une quatrième fois, de nouveau avec Leslie? Lundi, mercredi, vendredi. Dîner dimanche avec Reine. Commentaire ou non. Sans doute non. Observation de ses réactions indirectes. Transformation rapide ou lente? Lente. Un mois? Deux mois? Gestes qu'elle fera ou ne fera pas. Elle entrera quand l'action aura déjà commencé et partira tout de suite à l'entracte. Aucun contact verbal d'une séance à l'autre. Le point — explicite ou non — au bout du parcours.

Nous sommes aujourd'hui jeudi. Donc, lundi prochain.

Je vais réserver la chambre pour toute la semaine. Téléphones.

Leslie : « Excitant! »

Tania : « Ah bon. » Et : « Elle a besoin de ça avant de se décider? » (Rire.)

Odile : « Vous alors. Mais d'accord, bien sûr. »

Toutes les trois : « C'est bien parce que c'est vous. » Leslie : « Toi. »

Moi : « Ça fait partie de la recherche de fond, vous pensez bien que ce n'est pas pour le truc. »

Odile : « Et pourquoi pas? »

Tania : « Evidemment. »

Leslie : « J'adore. »

Elles sont épatantes.

Questions :

Cette scène a-t-elle déjà existé dans un roman?

Non.

Est-ce que seul un amateur pouvait prendre les risques nécessaires?

Oui.

Quel est le personnage le plus insolite?

Reine.

Le plus courageux ?

Reine, encore.

La signification symbolique du film est-elle assez claire ?

Oui, même trop. Elle n'aura pas son lys d'or à la main, au moins ? Cédera-t-elle à la contamination ? Jamais trois sans quatre ?

Gros plan du regard bleu de Simon Rouvray, professeur au Centre de recherches religieuses, en vacances d'année sabbatique, sur un galet plat, blanc, ovale, qu'il vient de ramasser à ses pieds. Musique. Coupez.

*

Eh bien, tout s'est déroulé comme prévu, le paysage est gris, ce matin, gris sur gris s'enfonçant dans le bleu en gris, brume et ardoise mouillée, chiffon gris. Le cri des mouettes est gris, lui aussi, grinçant, chasseur. Le sel, grain par grain, est derrière le vent, en attente. L'air est doux, un peu moite. Elles sont posées, maintenant, les mouettes, six à gauche, quatre à droite, plus la veilleuse, seule, à l'écart.

Trois séances, finalement. Leslie parfaite, emportée. Tania bien enroulée en elle-même. Odile en rajoutant dans le charme. Reine a regardé, a fumé une cigarette pendant Tania, a légèrement toussé pendant Odile. J'avais prévenu que c'était silencieux. Elles n'ont rien dit.

Chacune est arrivée bien à l'heure, trois heures moins le quart. Reine était là à trois heures le lundi. Trois heures dix le mercredi. Trois heures cinq le vendredi. Noir, rouge, blanc. La séance avec Leslie s'est terminée à quatre heures moins le quart. Celle avec Tania à quatre heures et quart. Celle avec Odile à quatre heures et demie. Elles m'ont quitté à cinq heures. Je n'ai utilisé la chambre que pour les scènes. Nous avons dîné avec Reine, comme convenu, le dimanche soir. Aujourd'hui, c'est de nouveau lundi. J'ai pris l'avion du matin. Il est midi.

Leslie a quand même été plus retenue que d'habitude. Tania nettement plus personnelle. Odile, au contraire, beaucoup plus détendue, exhibitionniste, presque (il pleuvait). Je pense que chacune d'elles a pensé que l'affaire était montée avec elle seule. Aucune ne semble s'être doutée qu'elle n'était que le tiers du spectacle complet. Rien n'a été caché à Reine, sauf les tendresses et les rires après son départ. Rires innocents, d'ailleurs, pas d'allusions à ce qui venait de se passer, personne ne s'est moqué de personne. Je les ai toutes revues, bien entendu, un déjeuner chaque fois et cadeaux divers (sauf pour Leslie avec qui j'ai refait l'amour).

La cent onze en a vu d'autres.

Le dîner a été très naturel. Reine m'a demandé des détails sur ma vie concrète dans l'île. Est-ce que tout allait bien ? Les courses ? Le ménage ? Le linge ? Elle partait le lendemain (donc en ce moment) pour Dublin, chez des amis. « Et votre Irlandaise ? — Vous voyez, elle vous attire. — Peut-être. » Ce *peut-être* m'a semblé un grand compliment. J'étais de plus en plus ivre, impossible de faire autrement, j'ai voulu demander une autre bouteille de champagne, Reine s'est levée : « Ah non. » J'ai failli m'effondrer à ce moment-là, j'avais envie de pleurer. « Je vous raccompagne. » C'est elle qui a donné mon adresse au taxi. Elle m'a pris la main. Je sentais ses jambes nues près des miennes. Sa jupe de toile bleue découvrait la cuisse droite. J'ai tendu l'autre main. Elle m'a laissé faire. J'ai donc *tenu* son genou. Oui. Il y a eu un feu rouge, elle a soulevé mon poignet avec précaution, comme s'il s'agissait d'un crabe. Elle n'a pas rabattu sa jupe. J'avais très envie de vomir.

Devant chez moi, elle m'a embrassé sur la joue. « Ça va ? — Vous ne voulez pas monter ? — Mais non. » Indulgence. Il fallait bien que je le dise. « Vous vous réveillerez pour l'avion ? » De nouveau, sollicitude, commisération froide. Long vomissement sur le trottoir après son départ. Un car de flics est passé, vite.

Je me suis réveillé pour l'avion.

*

On peut difficilement inventer une situation plus absurde que la mienne, et j'en ris, la main devant la bouche, tout seul. J'ai la tête lourde et vide. Je me marre. J'en suis à ma troisième douche depuis six heures du matin. Là-bas, ici ; Paris, l'océan. Jeu de cartes. J'aime bien les losanges (*losange* est un mot d'origine gauloise, soit dit en passant). Tania, quand j'ai déjeuné avec elle, a voulu me tirer les tarots, ça l'amuse. Elle a fait *oh* et *oh* en retournant les figures que j'avais choisies au hasard :

    Le soleil
  le chariot   l'étoile
    le diable

Je n'ai pas bien retenu ce qu'elle m'a dit, sauf que le diable signifiait l'orgie dans la vie. Ah si : le chariot, je venais de sortir d'un triomphe (lequel?), le soleil était ce que j'avais dans la tête (pourquoi pas), l'étoile était l'avenir, très positif. Sauf que la somme chiffrée donnait treize, c'est-à-dire la mort. On ne dit jamais « la mort », a dit Tania, très sérieuse — infirmière, soudain, siècles de chuchotements à partir de ces petites images bondissantes et funestes —, « on ne dit pas ce mot, mais *métamorphose* ». Va pour métamorphose. Elle s'est mise à me parler avec respect comme si j'étais une victime royale, un futur sacrifié Maya. Elle a vite recaché le squelette et sa faux dans l'épaisseur des cartes. Elle les a battues avec énergie avant de continuer son café liégeois.

Leslie n'a pas pu s'empêcher de me demander qui était Reine. Qui : niveau social, poids d'argent. Mon silence a dû la convaincre que c'était « important ». Odile a remarqué une « ombre bien habillée » (vendredi, en blanc). Une fois de plus, j'ai pu vérifier à quel point le cirque sexuel est une buée vite dissipée pour les femmes. Il ne faut pas le dire, ça les rend furieuses et personne ne le croit. C'est moi, en tout cas, qui dois ruminer la géométrie des événements maintenant : pas elles. Mais, au fond, je suis de leur avis : je m'en fous. Pas de la même façon, c'est vrai. Abîme.

Je suis encore ivre. Si les mouettes allaient foncer sur moi? Mais non, elles sont bien sages, inoffensives, poisson d'abord, les remous humains ne les dérangent pas. « Pas d'amis, vraiment? a dit Reine. — Non, pas un seul... En voilà un quand même », ai-je ajouté en agitant sous son nez mon petit Parker acajou sombre (moment de régler l'addition, je voyais à peine les chiffres). Et une métaphore, une! « Merci, a dit Reine, sèchement. On avait compris. »

*

Il s'agit d'une guerre d'orgueil.
La plus dure. A mort. Poker de mort.
N'exagérons rien : c'est amusant.

Il y a peut-être des moments où elle est, elle aussi, sur le point de craquer? Où sa main se tend sur le téléphone pour m'appeler autrement que de cette voix nette, professionnelle? Après tout, hier soir (il y a dix ans, tout à coup), elle est peut-être rentrée sombre, mélancolique? Grimace en se mettant au lit... Petit coup de poing sur les draps... Elle appelle un de ses amants pour lui faire une scène... Honneur de son sexe, désespoir... Je vous salue, système nerveux plein de rage, la force est avec vous, vous êtes unique entre toutes les femmes, et votre volonté, fruit de votre absence d'entrailles, est unique, elle aussi. Sainte Reine, veuve de Dieu, ne nous épargnez pas, vicieux pécheurs, maintenant et jusque dans notre disparition, amen... Même si elle n'a pas dormi de la nuit, elle est debout, je le sais, intacte. Crevée, mais enfoncée dans sa flamme noire. Si je la tuais, après tout? J'en ai envie.

(Vous lisez ces lignes, chérie? Elles vous vont directement au cul, je veux dire : au cerveau? Je crois que j'aimerais vous étrangler doucement, en prenant le temps de lire à la loupe chacun des frémissements de votre sacré visage de pute prude. Mon amour! Ma joie! Votre orgasme, enfin! Le vrai! Jusqu'au bout! Craquement de vertèbres!)

Je ne sais pas pourquoi j'ai écrit (conformisme) : « Elle appelle un de ses amants. » Une de ses maîtresses, plutôt, ou les deux. Sa plus vieille amie.

Son « fiancé ». En principe, elle devrait hâter son mariage. Si elle n'est pas enceinte avant la fin de ce contrat, c'est à désespérer des lois de la mécanique plasmique. Mais sait-on jamais avec les saintes à l'envers ? Son sadisme et son masochisme n'ont sans doute pas plus de limites que ma propre curiosité. Elle a très bien compris, en tout cas, que je n'avais pas abattu mes vraies cartes. Ce qu'elle veut ? Rien. Que je sois ce rien. Reine et rien.

(Votre *genou* dans le taxi ! Vos lèvres froides sur ma joue hirsute d'ivrogne !)

Une affaire *délicate*.

L'orgueil.

Bonjour, cher démon. Vos proches ignorent sans doute votre vraie dimension démente. Je ne dois pas non plus oublier que vous me payez pour ça. *Mensuellement.* Si quelqu'un, plus tard, trouve cette histoire invraisemblable, c'est qu'il ne vous connaît pas, ne vous connaîtra jamais. D'ailleurs, vous trouverez bien le moyen d'effacer les traces. Je vois d'ici la couverture en librairie :

LE LYS D'OR
Un cas de passion amoureuse

Il ne reste qu'à trouver l'auteur, une « signature », naturellement. Quelques transformations de noms et de lieux. Pourquoi pas le bon vieux procédé classique : j'ai trouvé ce manuscrit dans une valise oubliée ? Dans le double fond d'un secrétaire ? Ou encore : « Je ne me doutais pas, en voyant entrer dans mon bureau cette jeune femme réservée, tout en noir, de l'étrange marché qu'elle allait me proposer dans les minutes suivantes. Je dois dire que, d'abord, elle m'étonna : non seulement elle semblait avoir lu tous mes livres et les connaître par cœur, mais encore elle me fit des critiques si concrètes, si précises, que je sus avoir affaire à une professionnelle mystérieusement sauvée du grand cataclysme de l'édition et du journalisme modernes. Le déluge d'analphabétisme n'avait donc pas tout emporté ? Il restait quelqu'un ? Une femme ? Cette colombe ténébreuse dont je devinais la concentration magnétique ? Un instant, je crus avoir devant moi Kafka jeune. Ou plutôt le grand regard profond, velouté, planant à travers le temps, de Proust. C'était un spectre. Une apparition biblique. Elle parlait, j'écoutais, j'étais fasciné. Elle me connaissait mieux que moi-même, elle avait repéré des mots répétés, des tics, des facilités en tous sens... J'étais rouge de honte et de plaisir. Confus. Terrassé. Elle continuait sa démonstration, c'était à présent un ordinateur vivant. A un moment, elle sortit un papier de son sac et lut : " Vous parlez en bien des contes des *Milles et Une Nuits,* me dit-il, mais j'en connais un qui n'est pas sans rapport avec le titre d'un livre que je crois avoir aperçu chez le baron (il faisait allusion à une traduction de *Sésame et les lys* de Ruskin que j'avais envoyée à M. de Charlus). Si jamais vous étiez curieux, un soir, de voir, je ne dis pas quarante, mais une dizaine de voleurs, vous n'avez qu'à venir ici ; pour savoir si je suis là vous n'avez qu'à regarder la fenêtre de là-haut, je laisse ma petite fenêtre ouverte et éclairée, cela veut dire que je suis venu, qu'on peut entrer ; c'est mon Sésame à moi. Je dis seulement Sésame. Car pour les lys, si c'est eux que vous voulez, je vous conseille d'aller les chercher ailleurs. " Elle s'arrêta. Ce rendez-vous me paraissait de plus en plus irréel. Le soir tombait, les employés étaient tous partis, maintenant, nous restions là, face à face, comme dans un roman d'autrefois... Les lys? dis-je... Les lys?... Ma voix me parut changée, plus aiguë qu'à l'ordinaire, et pourtant étouffée... Les lys?... Le mot, la fleur, les souvenirs, les fragments de blasons et de tableaux anciens, le nom même de mon interlocutrice, tournaient dans mon esprit comme dans un prisme lent. Je me demandais si je ne rêvais pas. " Il faut d'abord que nous allions ensemble dans la chambre cent onze, me dit-elle. — La cent onze? — Oui, tout près, à l'hôtel. " Elle me fixait de ses grands yeux noirs. " Je vous expliquerai là-bas, reprit-elle. C'est tout un roman. Un roman pour vous, je crois. Bien que vous ne soyez pas du tout romancier, d'après ce qu'ils disent. " Je frissonnai. Je n'ai pas peur, on s'en doute, de ce genre de propositions. Elles sont courantes et je m'en arrange. En général, pourtant, j'évite les folles. Mais elle n'était pas folle. Je venais de reconnaître en elle ce que tout écrivain attend, espère et craint : la figure même, découpée, ponctuelle, secrète, indubitable mais toujours imprévue, du destin. »

*

Oui, quelque chose dans ce genre, en plus sérieux, délayé. Et puisque nous repassons par Proust, comme par un palais enchanté qui apparaîtrait ou disparaîtrait au détour des phrases, voici au moins deux lois établies par lui, générales et vérifiables.

La première : « Les femmes devinent tout cela, elles savent qu'elles peuvent s'offrir le luxe de ne se donner jamais à ceux dont elles sentent, s'ils ont été trop nerveux pour le leur cacher les premiers jours, l'inguérissable désir qu'ils ont d'elles. »

Ou encore, plus crûment : « L'horreur que les

grands ont pour les snobs qui veulent à tout prix se lier avec eux, l'homme viril l'a pour l'inverti, la femme pour tout homme trop amoureux. »

Mieux vaut ne pas se retrouver dans une de ces positions négatives, c'est aussi simple que les échecs. Simple et facile à dire, mais un peu plus compliqué sur le terrain. La partie est pourtant loin d'être finie, il me semble. Suivons-la coup par coup, pas à pas. Pour l'instant, retour à la case départ, autrement dit à ma base. Le pirate a tenté une sortie. Il vient se reposer un peu. Il sait se cacher, réparer ses canons, reprendre souffle. Il recommencera à la première occasion.

— C'était bien, l'Irlande?
— Magnifique. J'ai fait beaucoup de cheval.
— Vous êtes rentrée quand?
— Avant-hier.

Est-ce que je me trompe, ou bien votre voix est un peu voilée, lasse? Mon médicament commencerait-il déjà à produire ses effets? Un traitement de cheval! Trois baisades devant vous par votre étalon préféré! Comme vous êtes vulgaire, Simon. Dommage que vous n'ayez pas eu une badine à la main. On ne badine pas avec l'amour, tu parles.

Baisers mangeurs, déshabillages minutés, contorsions en tous sens, mains, bouches, jambes, gémissements, râles vrais... Rousse, brune, blonde... Pénombre de lanterne magique, un seul volume en mouvement avec le recul... Une seule sculpture, une seule toile brossée où la fougue s'alliait à la grâce comme dirait le Larousse illustré à propos de Fragonard! Leslie sur moi, moi sur Tania, Odile de nouveau sur moi, moi à genoux devant Leslie assise, Tania immergée, Odile sur le côté le visage rabattu vers le mien, saisie par le souci de *bien faire,* tournage, générale, première — et le tout *gratuit* ! Des peaux, des courbes, des transpirations, des succions, des pénétrations, des révolutions harmonieuses regardées et écoutées sans effet ? Allons donc... Mais j'y pense : peut-être n'en avez-vous pas assez *entendu* ? L'oreille serait tout pour vous ? Leslie m'a parlé un peu, mais trop bas. Tania, rien. Odile simplement un « attendez ! » en changeant de position... Je ne vais quand même pas vous enregistrer une cassette ! Que vous n'écouteriez pas, d'ailleurs.

N'ai-je pas l'air, moi, de vouloir vous corrompre, alors que c'est le contraire ? Ce n'est plus de vous tuer que j'ai envie, à présent, mais de vous mettre un peu sous sérum de vérité : que vous parliez enfin, vous, du fond des cellules et de votre hypnose héréditaire. Vingt générations au moins. Mais non : vous emporteriez votre secret dans la tombe, vous n'avoueriez que des détails sans intérêt. Même sous la torture, vous n'auriez pas l'idée, pour vous épargner un surcroît de douleur et aller plus vite au bûcher, d'admettre un petit sabbat, juste un, avec le Diable. Comme une de vos aïeules, j'en suis de plus en plus sûr. Affaire des poisons ? Moyen Age dans les clairières ? Je suis le moine faussement jovial du tribunal de l'Inquisition, j'ai l'habitude des insultes et des rebuffades en cours d'exorcisme, moi aussi je traverse le temps, hé, hé. Sorcière innocente, sainte enfant. Qui attend d'être enceinte du chien des ténèbres. De la troisième personne renversée, chassée. Plus vous vous croyez dans le coup, lucide, analysée, réaliste, pratique, et plus vous êtes à votre insu en plein christianisme fanatique. Vous êtes, vous serez, un des fleurons des enquêtes du C.E.R., que l'aventure soit tombée sur moi, finalement, me paraît logique.

« Avec sa coupe au bol, il a l'air d'un moine, ce Rouvray. D'un moine comme il y en a sur les boîtes de fromage dans les publicités à la télévision. Celui qui vient psalmodier en latin » : ça, c'est du Delgrave, ou plutôt de son hystérique de femme qui a pour moi, comme toutes les épouses des collègues du Centre, une fascination-répulsion épidermique, huîtrale. Elles me voient en *pont-l'évêque*... Elles me voient les voir de trop près sur leurs bidets... Elles me sentent aussi dissimulé qu'elles, incorruptible, masqué... Dites-moi tout, cher phénix... Cette leçon vaut bien un hommage, sans doute. Mes fromages secs, chère madame. Je suis à peine un homme et peut-être un mage. Ridicule, soit, mais angoissant. Cent fagots crépitants derrière. Deo gratias. Amen.

*

Le matin, le soleil raccourcit les distances, les yeux portent loin et tout près, l'œil est comme dans l'œil de sa perle close. On tient le globe. Et de même que, dans la nuit, le cercle se referme et se met à plat, chaque matin-perle roule dans sa nacre, dans sa cornée, comme un dé. Là-bas, je vais le toucher là-bas, l'horizon, avec la main, avec une main mentale, mais en même temps la fleur, devant moi, cette rose, s'enlève avec un fracas silencieux. Il y a un soir, il y a un matin. Une racine d'obscurité, une autre de clarté. *Ilya*. Les étoiles filantes sont comme des lys d'or. On est dans l'anticyclone sec, ami des poumons, des contours. La lutte pour l'espace et le temps ne s'arrête pas une seconde.

Je suis au sud. Je regarde au nord. A droite, rose léger. Le soir, à gauche, couchant rouge. Nuit d'ardoise. On voudrait écrire directement dessus, à la craie.

La lune, tôt, fond bleu, trace blanche : un peu de lait, empreinte du pouce nocturne, à demi effacé, au bas du passeport jour.

Dans la brume bleutée permanente, matin et soir finissent par coïncider. C'est le temps vertical, la grande paix. Du geste du matin au geste du soir, c'est comme s'il s'était écoulé d'abord une heure, ensuite une demi-heure, puis un quart d'heure, puis dix minutes, puis deux minutes, puis une minute, puis trente secondes, puis dix secondes — et bientôt c'est le poudroiement intime du temps, j'enchaîne à pic, sans mémoire, le moment vient où je n'aurai plus la possibilité de noter.

Expédition de l'instant, loin, à côté, en Chine, croisière jaune, empire du milieu, tout a disparu, mer sableuse.

Mais le bleu et le blanc, plus ou moins profonds, taches mouvantes, ciel et eau, sont bien comme dans les vases innombrables, moine et son disciple sous les pommiers en fleur, « ce monde est un vase sacré, impossible de le façonner ».

Et aussi : « Connais le blanc, adhère au noir. »

Je ne dirai jamais assez de bien du chinois, Reine, chacun de ses caractères, même le plus banal, m'aide à vivre. *Tch'ong* : l'eau jaillissante et le vide, vase qui ne se remplit jamais, ou si vous voulez davantage, profondeur insondable où tous les phénomènes se réalisent. Pourtant, *tch'ong* suffit. Quant au Saint ou au Sage, il s'assoit face au Sud, et voilà tout.

Voilà tout.

Vers trois heures et demie du matin, donc, avec pour seuls témoins les feux dispersés de la côte, je me lève, je vais dans le jardin, pierrot lunaire, je développe en moi mes photos de la journée. La nuit est bouclée. Elle est enceinte du vide. Le noir se referme avec la dernière cigarette écrasée dans le gravier. Le pin parasol est l'arbre conseil. Le vent se lève, les étoiles brillent un peu plus.

« L'espace peut être rempli au point que l'air semble ne plus y passer, tout en contenant des vides tels que les chevaux peuvent y gambader à l'aise. »

Ou encore : « Il faut que le vrai vide soit plus pleinement habité que le plein. »

Assemblage air-vent-mer-fleurs-oiseaux. Les phrases à l'écoute.

Des bourdons, cailloux mous, viennent cogner aux vitres.

— Puis-je être réveillé à six heures et quart ?

— Non. Six heures dix, six heures vingt ou six heures trente. Ça marche par dix minutes.

— Six heures vingt, alors.

— Six heures vingt, c'est noté. *Au revoir, monsieur.*

Voix favorable. De plus en plus, rien que la technique, mais intense curiosité pour l'habitant qui a l'air de savoir ce qu'il veut.

Dix heures. Elle me regarde depuis le mur, l'Irlandaise, image sépia corsetée, dans son petit cadre d'écaille.

— Monsieur Rouvray ? Télégramme pour vous.

La postière ébouriffée, à vélomoteur.

« Je vous appelle demain soir à onze heures. Reine. »

*

Elle cède ? Elle vient ? Elle renonce ? Elle rompt ? J'aime l'attente. J'aime les jours où il y a un point rouge dans le tunnel. La respiration n'est plus la même, les gestes sont plus fins, les contractions d'images, de pensées, se rapportent à une ligne d'arrivée précédée de zones tantôt tempérées, tantôt violentes. Onze heures du soir! Rendez-vous sonore à distance! C'est bien d'elle. Qu'est-ce qui lui prend? Elle part pour un long voyage? Elle est malade? Elle annule tout? Elle veut m'épouser? Elle m'aime? Elle veut me crier bien haut son dégoût et sa haine? Solennellement? Il marche, au moins, ce téléphone? Décroché et raccroché cent fois, mais cela ne prouve rien, il peut tomber en panne cinq minutes avant — et que faire? Qu'est-ce qu'elle a dit la dernière fois? « J'ai fait beaucoup de cheval », et puis des banalités sur le temps. Aucune allusion à l'épisode cent onze, rien de spécial dans la voix, sauf de la fatigue, mais ce pouvait être le voyage, la déception des amis, du « fiancé » (l'accompagnait-il?), ou de quelqu'un de nouveau, ou encore la vulgarité des gens d'argent qu'elle fréquente (ce vieux porc rusé, pétillant et maniaque de Silbermann, par exemple, un ami de son beau-père aux allures, comme lui, de faux lord anglais), valse boursière dans la conversation, une fois de plus, la barbe, Leslie, parfois, n'en peut plus (elle aime ça, pourtant, elle fait l'amour comme si elle dévalisait une banque).

Mais pourquoi un télégramme?

Je n'ai presque pas dormi, j'ai eu envie de l'appeler ce matin, mais non, respectons les règles du jeu. Elle est peut-être repartie? Loin? En Italie, comme elle me l'avait dit : « Un tour à Rome? »

Personne. Où est passée Régine?

Je prends un disque, le *Te Deum* de Marc-Antoine Charpentier, la pochette est une reproduction d'une tapisserie des Gobelins, armes royales de France, trois lys d'or sur fond bleu en relief, miroir, écusson, grand œuf globuleux — couronne et tête jeune, cheveux blonds illuminés en haut, rayonnants, yeux révulsés dans le soleil. Il y a la main au bout de son bâton-sceptre. Les armes : épée, bouclier, carquois, foudre. Les drapeaux, les trompettes. L'architecture est là, dans les chapiteaux. Les tissus-draperies cerise, soie, satin. Et les motifs de fleurs, les roses. Tout est résumé dans cet ovale cardiaque, coussin de sang bleu. Etoiles à quatre et huit branches. L'or et le bleu.

« Te Deum laudamus, te Dominum confitemur.

Te aeternum patrem omnia terra veneratur.

Tibi omnes angeli, tibi caeli et universae potestates,

Tibi Cherubim et Seraphim incessabili voce proclamant... »

Bon, il est dix heures et demie du soir, les chauves-souris jouent au-dessus de l'herbe, les mouettes crient par-delà la digue. Onze heures moins le quart. Moins dix. Moins cinq. Moins trois. Moins une. Onze heures une. Elle n'appellera pas. Onze heures trois.

Sonnerie.

— Oui?

Silence.

— Reine, c'est vous?

Silence.

— Votre appareil ne marche pas? Vous voulez que je vous rappelle?

Silence.

Aussitôt, je rougis. Mais bien sûr, quel idiot je suis. Je reste là, à l'écoute. Pas un bruit, pas un souffle. Nuit noire dix fois plus noire. Où est-elle? Chez elle, simplement? Dans son lit? Assise par terre au pied du lit? Dans un fauteuil? Habillée? Nue? D'ailleurs, est-ce que c'est bien elle ? Mais oui, l'épaisseur de son mutisme voulu, criant, me le dit. Positif ? Négatif ? Réprobateur ? Neutre ? Comme si l'érotisme n'était pas tout cela à la fois, la même chose et son contraire, une fatalité qui se nie, la plus profonde aphasie comme élément sans mystère. Comment n'y ai-je pas pensé tout de suite ? Voyons. Et maintenant ? Je parle ? Je me tais ? J'accompagne ? Je laisse aller ?

Silence.

Elle raccroche à onze heures et quart.

C'est le gué. L'aventure peut recommencer.

*

Elle a retéléphoné trois soirs de suite, à la même heure. Chaque fois, silence complet. Puis plus rien. J'ai essayé de l'appeler chez elle, pas de réponse. Elle est donc en voyage, mais où ? Huit jours sans nouvelles, donc, sauf ces trois coups de théâtre ouvrant sur la nuit. Réponse à la semaine de la chambre cent onze — « la cent onze », c'est un mot de passe, à présent —, trois femmes, trois appels, trois silences. Message reçu, trois sur trois, la seule question étant de savoir si les séances téléphoniques ont été accompagnées, ou non, de gestes sur soi (comme on aurait dit, il y a cent ans, au confessionnal). Vous êtes-vous branlée, chérie ? Avez-vous fait l'amour avec quelqu'un ? Avant ? Après ? Pendant ? Pas du tout ? Vous me direz sans doute — non, vous ne direz rien — que cela revient au même. Soit. Pas tout à fait, cependant.

Je prends le pari pour *après*.

La deuxième fois, ici, c'était l'orage, il y avait des éclairs partout. Et là où vous étiez ? Campagne ? Mer ?

Montagne ? Loin ? Près ? Impossible à évaluer sans la voix. Pas de bruit sur la ligne, peut-être tout près. Ce serait drôle.

Bien entendu, quand la conversation reprendra, pas la moindre allusion non plus à cette histoire. *La cent onze ?* Les coups de téléphone ? Non, je ne vois pas... Et le télégramme ? Mais vous pourriez toujours me répondre que vous aviez l'intention de me téléphoner et puis que vous en avez été empêchée. Pour me dire quoi ? Oh, je ne sais pas, un renseignement, sans doute. Mais quel renseignement ? Un livre, voilà, le titre d'un livre sur la Chine des Tang.

Au fond, vous avez voulu partager et signer cette affaire d'écriture obstinée, glissée dans la lumière et le son comme un signet noir. Cette affaire d'invisible marée que vous avez conclue avec moi. Pour la bizarrerie, décidément, vous ne craignez personne. Moi non plus. Poker ? Oui. J'aime bien. Tout ce qui fait monter la sensation du temps dans le vide, d'un certain silence du temps, de son évanouissement instantané, brutal. Le moment clé des téléphones ? Quand vous raccrochiez. J'ai aussitôt senti sur moi votre main, votre poignet sec, j'ai vu votre bouche serrée, c'était à jouir. Vous avez été là, physiquement là, dans le fauteuil jaune à côté de moi, en interrompant le contact muet, peut-être à des milliers de kilomètres, peut-être à deux cents — je n'oublie pas votre château en Touraine. Coupez ! Qu'on sente la corde ! Pendu des heures !

Trois à trois. Nous sommes à la mi-temps, je suppose ? Du moins, la partie a lieu, vous avez répondu, le dialogue est engagé sur le fond. Je n'écris plus devant un mur. Ce travail de mémorialiste trouble se passe maintenant dans votre corps, le mien.

Oui, vous étiez là, les jambes croisées, pensive, dans le fauteuil jaune. Comme dans la cent onze (je n'ai pu voir vos attitudes que furtivement : vous étiez bien penchée en avant, n'est-ce pas, pendant la fin d'Odile ? et un peu endormie pendant le début de Tania ? et tout à fait enfoncée, raidie, la première fois, quand Leslie a commencé à accélérer le rythme ? Si, si, j'ai entrevu vos mains serrées sur les accoudoirs. Vous saviez ce que je vous faisais *à vous* au moment même. Il m'a manqué votre regard, votre souffle. Mais que vous ayez voulu me répéter votre silence et me dérouter me plaît : bien joué, nous pouvons nous féliciter l'un l'autre avant la reprise).

Je peux vous faire un aveu ? J'ai cru, un moment, que vous vouliez écrire un roman, que vous m'en aviez chargé, que vous l'utiliseriez pour vous-même. J'ai presque pensé que vous étiez comme ces femmes du monde qui, de plus en plus, veulent avoir l'air de journalistes ou, pire, d'auteurs de best-sellers. Imaginez un peu le ridicule : Reine de Laume, *Le Lys d'Or*, roman. Et puis quoi encore ? Personne ne croirait à votre nom, on serait sûr du pseudonyme, et du pseudonyme mal choisi, en plus. On croirait à une apologie ou à une parodie de l'Ancien Régime. Non, vous n'auriez pas été aussi stupide. J'ai honte d'avoir envisagé un tel scénario. D'emblée, vous avez été profonde, authentique. Mais qui êtes-vous donc ? Et moi, qui suis-je ? Vous deviez me rencontrer, je devais vous connaître. Combien d'acteurs de la comédie peuvent en dire autant ? Ou bien faut-il reconnaître à certains objets un pouvoir magique ? Si je n'étais pas passé ce jour-là, à cette heure-là, devant cette boutique de la rue du Bac ? Ou alors, vous êtes comme moi : prête à tout miser sur le hasard, à forcer le hasard pour démontrer qu'il n'existe pas ? Tout ce qui arrive *devait* arriver, il y a une dictée secrète ?

*

— Vous étiez loin ?
— Mais non, en Touraine. Quel beau temps !
— J'étouffe un peu.
— Moi aussi. Je vais aller nager dans le Midi.
— Longtemps ?
— Quelques jours.

Et ainsi de suite. Imperceptible tremblement, centième de respiration retenue, parcelle de voix qui, au lieu de sortir dans le son, descend dans la plante des pieds, les coudes... C'est moi qui ai appelé. Il est dix heures du matin. Je viens d'avaler mon troisième café. J'ai la tête claire, plaisir d'animal abandonné, souple. J'ai été courir sur la plage, mon sang m'enveloppe de l'extérieur, froid, chaud, léger, renversé.

Il y a quelque chose qui ne se dit pas, qui ne peut pas se dire, voilà votre conviction, votre substance. Vous voulez que je l'admette. Je dois faire semblant. Vous êtes vous, je suis moi ; nous jouons à ce qu'il n'y ait plus ni vous ni moi, mais, par-derrière, c'est encore vous et vous seule, et moi, moi seul. Vous le savez, je le sais, la partie n'a pas de fin. C'est pour cela que c'est une belle partie, comme le ciel indifférent, la marée, les fleurs, l'air qui fait bouger les rideaux, le sel d'ici, les marronniers de Monceau.

— Comment est Paris ?
— Tranquille. C'est l'époque des concerts. Il y a du Charpentier, ce soir, à la Sainte-Chapelle.
— Tiens, justement...
— Justement ?

— Non, rien, je viens d'écouter un vieux disque...
— Un oratorio pour sainte Cécile, je crois. J'irai peut-être.
— Pensez à moi sur mon bateau immobile.
— On a les pensées qu'on peut.
— Qu'on veut.
— Qu'on n'a pas voulues forcément.

Voix en pente, attention. Difficile de parler pour rien autour du pot, ballon gonflé pouvant claquer à l'épingle, d'une seconde à l'autre.

— Il y a beaucoup de papillons cette année, dis-je, j'en vois six, là, blancs, en spirale.
— Attendez que je jette un coup d'œil dehors... Non, rien.
— Je vous les envoie.

Ouf, n'importe quoi, la communication *normale* a repris, nous avons l'usage de nos doubles. Comme nous sommes au moins quatre en réalité, Reine I et Reine II, Simon I et Simon II, il suffit d'éviter les interférences gênantes. A l'instant, Reine I se mettait à parler à Simon II qui venait, par impatience, de se tromper de ligne. Tous les malentendus naissent de là. A chaque moment, on devrait dire à l'autre, quel qu'il soit : à qui parlez-vous, maintenant, juste maintenant, avec ce dérapage d'accent, cette lumière oblique dans l'œil ? A celui que je suis pour vous ? A moi pour vous ? A celui que vous croyez que je suis pour moi par rapport à vous ? On n'arriverait plus à rien prononcer. Chaque phrase donnerait lieu à une cascade de précisions préalables. Le commerce a été inventé pour gagner du temps : moi qui vous parle, c'est tout. Et vous, tant. Vous êtes sûr ? Vous ne vous trompez pas dans vos comptes ? N'est-ce pas un peu vite envoyé ? Contrôlez-vous bien tous les fils ?

Reine II a téléphoné silencieusement à Simon II qui, lui-même, a baisé en silence devant Reine II. Reine I et Simon I ne sont pas au courant. *On les trompe.* Ils le savent. Mais c'est leur truc. Reine I paye Simon I pour raconter ce truc. Pas de confusion possible. D'une certaine façon, rien d'extraordinaire : *tout le monde fait ça, mais à l'envers.* Paiement du non-dit. C'est bien vous ? C'est moi ? Dans certaines conditions, on pourrait s'entendre. Pardon, ce n'était pas *vraiment* moi. Comment, *pas vraiment* ? Où est le *vraiment* ? Attention, police ! Plus de papillon, pas d'abonné au numéro que vous demandez. Parti sans laisser d'adresse. Je le tiens ! Je le tiens ! Mais non, vous ne tenez rien du tout. Envolé ! Pas de sel, pas de queue ! Oiseau rare ! Vous ? Moi ? Epouvantails sans moineaux... Je n'ai rien dit, personne n'a jamais rien dit ni rien fait. Quelle histoire.

Voilà, vous êtes un pur esprit, Reine, et moi aussi. Je ne suis pas torse nu, un peu transpirant et bandant, vous ne sortez pas de votre salle de bains, vous n'êtes jamais dans votre salle de bains ni aux chiottes. Et pourtant, la terre tourne. Mince bruit d'autrefois qui, peut-être, a décidé de tout. Petit filet de Reine II... Visage de Reine I, sans rapport... Noble Reine I... Tellement au-dessus du cloaque physiologique... Ô humanité ! Voix insoupçonnables ! Ombres vite engouffrées dans les fonctions basses ! Moi ? Vous ? De quoi parlez-vous ? Oreilles, nez, yeux, mains, bouches, tellement plus profonds que la légende de surface ! Votre *genou.* Vos dents. Les cuisses de Leslie pour les vôtres... Les seins de Tania, les lèvres et les cheveux d'Odile encore plus à vous que pour moi... Le tout finissant par une conversation de chaise longue : « Vous étiez loin ? — Mais non, en Touraine »...

*

Je me demande comment votre « fiancé » se débrouille avec I et II. A moins qu'il faille imaginer une Reine III, très différente, qui se marie mieux, c'est le cas de le dire, avec I ? Pas de raison de s'arrêter, d'ailleurs, votre IV comporte sans doute aussi des surprises... Votre IV plus féminin, plus en accord avec II... Restons sur III, votre identité la plus trompeuse. Oui, oui, je vous vois. Vous faites « la femme de », vous êtes odieusement et faussement naturelle, vous vous appuyez, vous vous blottissez, vous êtes tendre ou fâchée, vous avez des humeurs, des avis, vous êtes dans l'intimité, cette farce. Avec votre légendaire sinusite habillée en rhume, et qui n'est que la façon dont vous respirez tout à l'avance avec défiance, irritation et indignation. Mais aussi, il faut l'avouer, votre charme prenant, irrésistible, votre côté chat, ronronnant, griffant... Vous plaisez beaucoup aux vieux messieurs amis de votre futur mari (« il est très bien ce garçon, mais il doit beaucoup à sa femme »), vous êtes sa sœur aînée, la sœur aînée de votre mère redevenue jeune fille — et qu'il faut soutenir, protéger, bercer. Les anecdotes physiques seront vite réglées. Et vos amies ? Qui connaissent-elles ? Reine IV, sans doute. Je vous soupçonne d'être avec elles d'un sadisme pointu, vif. Je suis sûr que vous avez pour elles une réputation de sacrée vicieuse. Nous pourrions échanger nos observations. Je les comprendrais peut-être (le contraire est peu probable). Reine IV est très drôle, déchaînée, pleine de fous rires, une vraie fofolle, un clown. Le reste est silence. Oh, quoi, les trucs entre filles... Tout le monde sait que c'est innocent... (« Ce qu'elle peut être méchante ! — Pour les hommes ? — Pour n'importe qui ! »)

Reine I : prix de maintien. Reine II : profondeur perverse (« Elle a fait ça, elle ? Non ? »). Reine III : fidélité, sérieux. Reine IV : moulin rouge, danseuse, entraîneuse (« Une fille si sympathique ! Toujours gaie ! Le cœur sur la main ! Un amour ! »).

Quelle est la Reine qui a signé le contrat ? La une ? La deux ? La trois ? La quatre ? Toutes ? Toutes à la fois ?

*

Cela dit, est-ce qu'on vous *voit* bien, vous, là, tout de suite ? Je reprends : 1 m 68, brune, yeux noirs, cheveux noirs coupés court (« garçonne »), peu de seins mais quand même, hanches assez arrondies, jambes solides (« nageuse »), le cou, les bras, les mains étant vos points forts (l'enchaînement, la grâce). La voix, cœur de votre apparition. Grande mobilité du visage (sourire gommé d'un coup dans le pincement général — ding ! — et reparaissant aussitôt à volonté).

Vous me direz qu'on ne vous voit plus du tout.

Un peu quand même.

L'orage est arrivé sans bruit, par en dessous, comme dans un plan d'air parallèle. La maison est noire en plein jour, j'allume les lampes, les gifles d'eau dans les vitres ponctuent ma respiration.

Il y a quatre îles : celle de nuit et celle de jour, aussi différentes que la veille et la lanterne des rêves ; celle du beau temps et celle du mauvais temps, encore deux autres, rien n'est à la même place, rien n'est pareil. Et puis encore une pour chaque saison. Ce qui fait huit.

Printemps-jour-soleil n'est pas le même territoire que printemps-jour-pluie. Eté-nuit-éclairs a peu de chose à voir avec été-jour-orage. Huit corps pour un seul corps introuvable ? Où est le même ? Il n'y a que de l'autre en train de danser avec un partenaire que les autres forcent à se croire le même. Eté-jour-nuages ; été-nuit-velours plus ou moins profond. On devrait dire : je mets mon corps de printemps ; je mets mon corps d'été ; je sors avec mon corps d'automne ; je rentre avec mon corps d'hiver. Au lieu de calculer à faux les années, l'usure — jeunesse, vieillesse, gros clichés du marché forcing, guignol biologique.

« D'ABORD LE CENTRE ! » J'entends la voix de la secrétaire de Delgrave, Marthe, qui, avec les absences de plus en plus fréquentes de son directeur, a pris, ces derniers mois, de plus en plus d'influence. Elle est devenue grise, affolée. Le Centre ! Gestion avant tout ! Les dossiers ! Les subventions ! Le rendement des publications ! L'ordre dans les étages ! Le ronronnement des bureaux ! *Le Centre !* Elle le répète d'une petite voix nasale à tout propos. « Marthe, il y a là une étude très originale sur les religions de la préhistoire... Delgrave n'aura pas le temps de la lire... C'est vraiment très bien, un jeune chercheur, le point de vue renouvelle la question... — Est-ce que c'est bon pour *le Centre* ? — Je crois, sinon je ne vous en parlerais pas. — Vous avez fait une note ? — Naturellement. — Vous savez que la brochure sur les Etrusques s'est très mal vendue ? — Elle était peut-être un peu compliquée. — Il faut faire attention au *Centre* ! — J'y pense. — Tout ce qui n'est pas bon pour le Centre... (Geste revers de la main, table rase.) Vous comprenez, Simon ? Le Centre avant tout ! Le Centre ! — Je crois que Xavier serait de mon avis. — Ah,

Xavier ? (Marthe aime bien Xavier qu'elle pense être le successeur imminent de Delgrave, elle s'entend bien avec sa femme, elle est la marraine d'une de ses filles, elle sera sa nouvelle secrétaire redoublée.) Xavier ? Mais ce n'est pas plus son département que le vôtre ! Il est en gnostique et vous en chinois ! Où est passé le lecteur de préhistoire ? — En vacances. — Tout le monde est toujours en vacances, ici ! Vous croyez que le Centre peut marcher comme ça ? Laissez-moi le manuscrit, je vais voir. » Trois mois plus tard, l'étude préhistorique fait sensation en paraissant à Amsterdam. Marthe ne s'en aperçoit même pas. Son premier mouvement est à présent de dire non à tout. Le Centre doit vivre du Centre. Avec des succès déjà prévus par le Centre. On pourrait peut-être éditer une apologie permanente de la miraculeuse existence du Centre ? Décréter les circonférences abolies ? Si Marthe me voyait en ce moment dans mon délire avec vous, Reine... Quoi ? La cent ? La cent quoi ? *La cent onze ?*... « C'est ça que vous faites pendant votre année sabbatique, Simon ? Vous croyez que c'est bon pour *le Centre* ? »

*

Au fond, j'avance à tâtons, à l'instinct, j'essaie de deviner vos fantasmes. Je tente d'ouvrir un peu les tissus, doucement, en me disant que nous devrions trouver un accord, plus tard, d'une autre façon, pour en arriver à des scènes choisies par vous, *les vôtres*. Il doit être possible de vous rencontrer en un point, un ensemble de points. Arabesque. Je brûle d'en arriver là, je pressens une obscénité à peine croyable, d'autant plus grande que plus longtemps empêchée, différée... Imaginez la concentration à laquelle nous pourrions parvenir. La précision des moments.

Cette nuit, j'ai fait deux rêves en clair. Dans le premier, vous m'écriviez une lettre, je découvrais votre petite écriture noire, nerveuse, c'était une assez longue démonstration amicale laissant prévoir une issue (avec beaucoup de parenthèses, tantôt pour atténuer, tantôt pour réchauffer le sens général). Sous votre signature, une sorte de dragon volant de droite à gauche, profilé, agressif, gai. Un griffon. On dit bien griffonner un mot. C'était bien votre griffe (dans le taxi, j'ai senti vos ongles s'enfoncer légèrement dans ma main).

Le deuxième rêve, c'était vous, dans l'embrasure d'une fenêtre, probablement à Monceau. Vous vous laissiez embrasser par une femme plus grande que vous, brune aussi, lumière pâle éclairant votre visage ovale et offert. *Médaillon pâmé*, telle était, dans l'instant, la légende du tableau. Médaillon de mon Irlandaise au mur ? Votre bouche, Reine, « mollement abandonnée et se laissant dévorer ». Il faut, pour être vrai, écrire comme dans les mauvais livres, les rêves sont le grand stock de la pire littérature. « Le visage renversé, l'attitude à demi évanouie, elle s'abandonnait à sa partenaire, elle se donnait à elle de toute sa faiblesse, ses lèvres s'ouvraient comme une fleur à la voracité du désir. » Pas de morsures dans ce cas ? Pas de barrière dentale pour garder ses distances ? « Aucun doute n'était plus permis sur ses plaisirs de fins d'après-midi, vers sept heures... »

— Le concert était très beau. Je pars demain.

— Où étiez-vous, hier après-midi, vers sept heures ?

— Pardon ?

— A cause d'un rêve que j'ai eu cette nuit.
— Quel genre ? Quel rapport avec mon emploi du temps ?
— Je ne peux pas vous dire. Mais où étiez-vous ?
— Chez moi, je pense.
— Seule ?
— Ecoutez, Simon...

Après tout, elle a pu laisser son numéro de téléphone à Leslie, Tania ou Odile. Leurs sacs étaient sur la table, au fond de la cent onze, dans l'ombre... Laquelle des trois ? Je délire.

« Moi et toi, nous ne sommes que des rêves. Je te dis que tu rêves, et cela aussi est un rêve. Ces paroles semblent paradoxales mais, dans la suite des siècles, quelqu'un les comprendra un jour. Ce jour viendra aussi vite que le temps passe du matin au soir. »

— Excusez-moi.
— Vous voulez me raconter ?
— Vous lirez.
— Si je lis.
— Vous ne lisez pas ?
— Pas toujours.
— De mieux en mieux.
— Mais vous n'avez pas besoin de ça...
— En effet, vous ne lisez rien.
— Qui sait ?

Elle rit... Ce n'est pas méchant... Au contraire...

Peut-être Tania, finalement. Je ferme les yeux, c'est Tania que je vois. C'est elle qui a le plus besoin d'argent, pas difficile à deviner. Supposons que Reine ait glissé quelques billets avec son numéro, je ne sais pas, moi, quatre fois cinq cents francs, par exemple. Pour une étudiante, ce n'est pas rien. Odile ? Non, trop sage. Mais Tania a un air beaucoup plus libre, direct.

Je délire.

A moins que.

— Nagez bien, dis-je. Je penserai à vous dans l'océan.

— Et moi dans la mer.

— C'est la joie des poissons.

— Pardon ?

— Vous lirez.

— Sûrement.

Pas la moindre aigreur... Coulée de voix chaude...

*

La joie des poissons ? C'est pourtant une histoire connue :

« Tchouang-tseu et Houei-tseu (tous ces *tseu* !) se promenaient au bord de la rivière Hao. Tchouang-tseu dit : " Voyez comme les poissons nagent à l'aise ! C'est la joie des poissons.

— Vous n'êtes pas un poisson, dit Houei-tseu. Comment savez-vous ce qu'est la joie des poissons ?

— Vous n'êtes pas moi, dit Tchouang-tseu. Comment savez-vous que je ne sais pas ce qu'est la joie des poissons ?

— Je ne suis pas vous, dit Houei-tseu, et bien entendu je ne sais pas ce que vous savez ou non. Mais comme vous n'êtes pas un poisson, il est évident que vous ne savez pas ce qu'est la joie des poissons.

— Revenons à votre première question, dit Tchouang-tseu. Vous m'avez demandé : comment savez-vous ce qu'est la joie des poissons ? Vous saviez que je le savais, puisque vous m'avez demandé comment je le savais. Je le sais parce que je suis ici, au bord de la Hao. " »

Voilà le style des blagues de l'Antiquité.

1° Je peux être un poisson si je veux. 2° Comment seriez-vous un poisson ? 3° Vous n'êtes pas moi, dieu merci. 4° Je ne suis pas vous, mais vous n'êtes pas un poisson. 5° Je suis un poisson puisque vous me demandez comment je peux l'être et, en tout cas, vous, vous êtes un âne.

Je suis un poisson parce que je suis ici, à pic sur l'ici. Les poissons sont dans l'ici-maintenant, et moi aussi. Vous, vous me suivez en étant prévenu contre moi et jaloux de mon ombre. Vous n'êtes pas ici. Allez voir là-bas si j'y suis. Autrement dit : allez vous faire foutre. J'ai dit « voilà la joie des poissons » non pas parce que je me sentais bien ou que j'imaginais être un poisson mais parce que c'est la joie des poissons. Pourquoi les poissons seraient-ils seuls à ressentir la joie des poissons ? Contrairement à ce que vous voulez absolument, ce n'est pas moi qui l'ai dit. Vous avez cru que je le disais pour vous alors que je l'ai dit pour le dire. Dire ce qui est, c'est dire pour dire quand ce qui est, est. S'il n'y avait pas de rivière, ni vous, ni moi, ni poissons, et si rien n'était dit non plus, ce serait quand même la joie des poissons. Si vous ne comprenez pas, ce n'est pas ma faute. Vous ne serez jamais où vous êtes, c'est tout. Vous ne serez jamais là où vous n'êtes pas tout en étant en train d'être. « Le saint se tient à l'aise là où il peut se tenir à l'aise ; il ne se tient pas à l'aise là où il ne le peut pas. Le vulgaire veut se tenir où il ne peut pas se tenir et ne se tient pas là où il serait à l'aise. » Je n'ai pas dit que j'étais un poisson tout le temps. J'ai remarqué en passant : « Tiens, voilà la joie des poissons. »

« Je plains l'égaré, je plains celui qui le plaint, je plains celui qui plaint le plaignant, et ainsi je m'éloigne de plus en plus du monde. »

La doctrine veut que les paroles révélatrices comportent neuf dixièmes de vérité. Les paroles de poids sept dixièmes. Et puis, il y a les paroles de circonstance. La modestie de ce neuf dixièmes est charmante. Pour l'interpréter correctement, il nous faudrait d'ailleurs le *Yue-king* perdu, le Livre de la Musique. Je l'ai vue, la rivière Hao : elle traverse la commanderie de Tchong-li, dans la province de Houei-nan, région qui comprend les provinces actuelles du Hou-pei, du Kieng-sou et Ngan-houei. C'est là qu'on voit encore le tombeau de Tchouang-tseu, et l'endroit où Tchouang-tseu se promenait avec cet emmerdeur de Houei-tseu. Nous devrions aller là-bas un jour, chérie. Le soleil n'y est pas le même soleil. La douceur de l'air est poignante. Quelque chose s'est passé là. Tout est calme et comme troué. J'aime la Chine, mais la Chine est partout. Elle n'arrête pas d'émettre un signe enveloppé, furtif, éclatant et vide. La nuit revient, le bleu-gris efface le vert. Le mur blanc, en face de moi, redit la lumière à voix basse. Pas d'oreilles, les murs, mais une voix. La marée, de nouveau, est haute. Ma main est ma main, l'encre est l'encre. Le vin est donné par le ciel. La tête part, revient en elle-même. Les yeux sont les yeux. Le tombeau de Tchouang-tseu n'est pas le tombeau de Tchouang-tseu. Peu importe que cette phrase soit écrite et lue, elle existe. Le noir est tombé, maintenant, mais il y a une lumière du noir. Le village est loin, le village est près, le lit est tout près et à des années de distance. Continue dans la nuit, elle te prolonge. Parmi les neuf gouffres célèbres, il y a la baleine, l'eau immobile, l'eau courante, j'ai oublié les six autres. Le vide est grandeur. Il est pareil à l'oiseau qui chante spontanément et s'identifie à l'univers. Rossignol à six heures du matin, en ville, au-dessus des toits... Toujours un signe. Tu ne seras jamais seul. Meurs si tu veux, c'est drôle. Question de repos. Demain est un autre monde, personne ne s'en aperçoit. Va te coucher, tu n'as fait qu'effleurer ton absence. Elle t'attendra.

IV

L'automne dont l'autre nom est *déjà*, Reine, l'automne c'est toujours déjà. Je vous écris dans l'une des dernières tranches de soleil, il y a encore la lumière et l'ombre, mais on sent la fin du théâtre, même si nous sommes au moins deux pour constater la division du papier. J'ai décidé, avant l'hiver, de mettre un peu d'ordre dans la collection de monnaies de mon grand-père (vous vous souvenez?), les feuilles jaunissent, c'est le moment de regarder l'or et l'argent de plus près. Je pense aux mains et aux poches, aux coffres, aux cassettes, aux bourses, aux mots *trébuchant* et *sonnant,* à l'expression rubis sur l'ongle, aux désirs brillant dans l'ombre, à la valeur très relative du bien et du mal passant par ces petits cercles pleins. Phrases, monnaies, même silence de mort. Je pose mon stylo, je le regarde. Je pourrais rester comme ça longtemps, attendre que le soleil se déplace sur la page blanche... Yeou Mei, 1716-1797 :

« Je lis en plein midi, je suis fatigué,

Je pose ma tête sur mon bras, je m'endors,

Mais j'ai oublié de fermer la fenêtre et les fleurs

Emportées par le vent pénètrent dans la pièce et recouvrent mon corps. »

Je vous arrange la mélodie. En réalité, il faut lire :
Lecture midi fatigue
Poser tête bras dormir
Oubli fermer fenêtre fleurs dehors
Vent entrer pièce
Pétales couvrir corps.

C'est ce qui est si beau, en chinois, cette impression que des yeux infinis, infinitifs, rapides, veillent dans un coin d'espace résumant un temps poudroyant. Un coin flottant, détaché, comme moi, là, maintenant, soleil éclaboussant flou, vert passé des couleurs.

Au même moment, je vous vois chez vous, le visage penché sur votre lys métallique comme pour le sentir, nez dans les pétales froids, peau contre les lourds et rayonnants calices insensibles, fermés, *comme vous*. Votre front, votre nez : martèlement blanc.

Dans le Tao, la tête est le néant, Reine. La colonne vertébrale, la vie. Et le cul, la mort.

La tête n'est pas plus le cul que le néant n'est la mort. La pensée du néant, à travers la vie, peut illuminer la mort. Vous voyez ce que je veux dire ? Non ? Passons.

Les monnaies, donc : tous ces Louis ! La France dédiée à l'ouïe ! Louis d'or à la mèche courte ou longue, juvéniles, virils, mûris, vieux, laurés ! Le silence est d'or, on paye avec, on l'écoute. *Lilia non manent* : les lis ne filent pas, ils ne tissent pas, et Salomon lui-même, dans toute sa gloire, n'a pas été vêtu comme l'un d'eux... Vous connaissez le raisonnement évangélique : si Dieu habille ainsi l'herbe qui est là aujourd'hui et qui, demain, sera jetée au four, combien plus ne fera-t-il pas pour vous, gens de peu de foi ! Pas besoin de travailler, de peiner, d'amasser : les oiseaux, les lis. Devise française. Royale, bien entendu, le reste n'a qu'à se débrouiller dans la nature. Et le voici, le lis d'or, son histoire est curieuse : cours légal de sept livres tournois, fabriqué grâce à l'édit registré le 23 décembre 1655. La raison, évoquée dans le long préambule, était le grand nombre de falsifications du louis d'or, alors que le lis, par la finesse de sa gravure, de son titre et de sa couleur était quasiment impossible à imiter. *N'est-ce pas ?* Elle n'a duré qu'un an, cette pièce, de février 56 à février 57. D'où sa rareté, parmi les louis, les écus, les liards, les sizains, les doubles tournois, les deniers, les sols. Et les « pièces de plaisir », Reine, vous connaissez ? Et les monnaies obsidionales, frappées pendant les sièges ? Et le lis d'or au champ semé de lis ? Ou encore aux 8 lis couronnés ? Et le liard buste adolescent aux 4 lis, avec la légende inhabituelle : *sic fulget inter lilia*, « ainsi brille-t-il parmi les lis » ? Légende cerclée d'un grenetis, plus une croix formée de 4 fleurs de lis cantonnées de 4 roses avec, au centre, une rose ? Un peu plus raffinés, non, comme symboles, que le cours sec et mouvant du cuivre, de l'aluminium, du nickel, du sucre, du café, du cacao, du blé, du maïs, du soja ? Que les hauts et les bas à New York, Londres, Paris, Zurich, Francfort, Bruxelles, Amsterdam, Milan, Hong Kong, Sydney, Tokyo, Singapour ? Faut-il acheter ? Sûrement pas en début de semaine ! « Les lis ne filent pas »... L'argent tombait donc du ciel ? Distribué en secret par le Christ-Roi au Roi ? Ça a quand même duré assez longtemps, ce théâtre... J'entends Leslie : « Elles sont jolies, vos pièces... Elles valent combien ? — Je ne sais pas. — Comment, vous ne savez pas ? Vous êtes incroyable, Saïmon... Comment s'appelle celle-là ? — Le lis d'or. — Oh, c'est ravissant, *honey*, le lis d'or ! ».

Têtes tranchées dans l'or. L'ouïe coupée.

*

Vous n'avez pas de prix, moi non plus. Vous pourriez mourir plutôt que de faire quelque chose qui ne vous plaît pas. Vous, déguisée en femme du monde, à jamais insatisfaite et sourdement prodigue ; moi en professeur de métaphysique désabusé. Cela valait bien un récit. Entre deux coups de torchon en Bourse. Il n'y aura, vous le savez, ni vainqueur ni vaincu. Nous sommes en plongée, ailleurs. Main dans la main, malgré la distance. Ou plutôt mano a mano, comme on dit là-bas.

Je me dis parfois que nous avons trouvé. Quoi ? La serrure et la clé, le nœud de l'intrigue. Vous me faites tourner en rond, et moi je vous montre que je peux indéfiniment tenir le coup devant votre récusation, votre *non*. Il me comble, ce *non* ! Il m'illumine ! Je ne sais pas ce qu'en penserait un écrivain, mais je trouve qu'il n'y a rien de plus merveilleux que d'écrire, et d'écrire encore, en pleine lumière, en étant sûr, quoi qu'on dise, de n'être jamais découvert, jamais compris, jamais lu. C'est enivrant, Flamme de glace, je me jette en toi ! Vous êtes le secret, Reine ! Depuis la nuit des temps ! Comme s'il y avait un sujet plus intéressant que la haine ! Le pur amour ! Pôle ! Butoir !

— Vous devenez de plus en plus lyrique.
— Le thème m'entraîne.
— Mais si ce n'était *même pas* la haine ?
— Allons donc. Mais si vous voulez. *Même pas*. Encore mieux !
— On ne peut qu'aller dans votre sens ?
— J'ai l'impression.

— Vous êtes le masochiste intégral ?
— Rentable ! Hyper-christique ! Sans *stabat mater*. Il s'est arrêté à maman. Fâcheux contresens. Je vais plus loin !
— Vous blasphémeriez jusque-là ?
— Et comment.
— Sans angoisse ?
— Non. Toutes les monnaies sont falsifiées, j'en introduis une vraie, pour voir.
— C'est tout vu. La mauvaise monnaie chasse la bonne.
— Je n'ai pas dit la bonne mais la vraie. Pas d'effet immédiat ? Sans doute. Mais elle reviendra. *Quod scripsi, scripsi.*
— Je vous crucifie ?
— Oui ! Encore ! Dans l'indifférence générale ! Splendide !
— Vous avez beau temps ?
— Soleil fluide.
— Il y a de l'orage, ici. Les chevaux sont nerveux.
— Ce sont eux qui sauveront la littérature.
— Mais il n'y aura plus de chevaux, Simon.
— Mais si, toujours.
— Vous écrivez pour les animaux ?

*

Voilà, je vais fermer la maison et rentrer à Paris pour l'hiver. On va laisser dormir le jeu, on le reprendra au printemps. Ce qui aura changé dans huit mois ? Rien, sans doute. La preuve : je rouvre ce cahier, je retrouve les mots *rien, sans doute,* il pleut, la fenêtre est ouverte, je laisse l'eau mouiller le parquet, j'écoute ma respiration, le dispositif est de nouveau en place, allô, comment allez-vous, poursuivons. L'hiver ? Mécanique en ville. J'ai recommencé mes cours, j'ai un très bon certificat médical prescrivant un arrêt d'un mois, nous sommes début mai, je ferai une apparition au Centre en juin, et ce sera l'été jusqu'à la fin de notre contrat, en octobre. Personne n'est au courant, tout va bien. Les absents, surtout silencieux, deviennent supportables. Comptons : nous nous sommes vus une fois en novembre, à votre retour de New York, je vous ai dit que je rassemblais des documents pour la suite, vous pensiez à autre chose, dîner difficile, j'ai cru que vous alliez me dire que c'était fini. Puis deux fois en janvier : curiosité à peine appuyée. En février, vous étiez au Japon. Long déjeuner détendu en mars, mes calculs étaient justes, l'expérience de la cent onze *devait* déclencher l'oubli, pareil pour Leslie, Tania et Odile, aucune question, rien ne s'est passé. Régularité avec Leslie. Nets progrès de Tania dans son travail. Stagnation d'Odile. Delgrave occupé de sa retraite, distrait. Xavier sur un campus américain, narcissisme en sécurité. Paul a grandi d'un seul coup, je suis maintenant pour lui « Bob Winner », un personnage vidéo dansant qui traverse des tas d'obstacles, sables mouvants, petits volcans aspirants, en se faisant régulièrement taper sur la tête. Marie est absorbée par son étude sur la logique biblique, laquelle me devra beaucoup comme informateur quotidien. Dans l'ensemble, la vie au Centre a été grise, studieuse et sceptique. Nous avons eu la visite de quelques collègues chinois, les recherches sur le taoïsme recommencent à Pékin, ils se redécouvrent avec surprise, l'un d'eux, Monsieur Huei, est déjà, à trente ans, un spécialiste de première grandeur.

— Et la *rosée douce*, Monsieur Huei ?

— Ah, la rosée douce...

Petit rire... Flottement... Les questions directement sexuelles ne sont pas encore tout à fait permises...

Voilà l'hiver. Les Chinois ont raison de classer l'histoire en printemps et automnes, l'hiver et l'été sont des horloges arrêtées. Fausse frénésie humaine des mois froids. Tout se passe en mars, en septembre. Ouverture et fermeture du jeu.

Maître Retz m'a payé ponctuellement, vous n'avez pas posé de question particulière, le seul événement sera votre mariage enfin fixé à la rentrée. J'aurai terminé pour la cérémonie. Je vous vois déjà ranger le manuscrit, ne plus y penser. Et puis, un jour, vous ferez le coup prévu en le montrant à un écrivain connu et en panne. « Pourquoi ne le publieriez-vous pas sous votre nom ? — Mais l'auteur ? — Je m'en arrange. » J'aurai droit à un petit pourcentage, en douce, ou à une rallonge. Je suis sûr que vous, vous déciderez dès que vous apprendrez que vous êtes enceinte. Normal. Pas de quoi s'énerver.

Avez-vous vu ma photo dans *Vibration* du 5 février (à propos, vous possédez toujours vingt pour cent du journal ?), derrière la délégation chinoise ? Je suis juste derrière Monsieur Huei, à demi masqué, mais reconnaissable, je crois. Quant à vous, cela fait un siècle que je ne cherche plus vos apparitions sur papier glacé, inaugurations, réceptions, fêtes. Vous voyez comme je suis devenu raisonnable.

— La rosée, Monsieur Huei, la rosée...

*

« Je te hais ! Je te hais ! », combien de fois, explicite ou implicite, sorti ou rentré... « Je t'aime ! » « Je te hais ! » Je t'ai !

Comment s'appelait votre marquis de père, déjà ? Roger. Et votre remariée de vendue résignée de mère ? Marguerite... Roger enjambant Marguerite...

Imaginez Eve en train de subir son Adam dopé à la pomme-serpent. « Je te hais ! » Après quoi, naissance d'au moins deux filles non enregistrées, et puis voilà Caïn, dont le vieux texte, avec sa roublardise habituelle, nous dit tranquillement qu'elle l'appela ainsi parce qu'elle avait *acquis* un mâle avec Dieu. On ne saurait être plus clair. Encore un coup de « Je te hais ! », et voici un petit supplément, simple souffle bientôt égorgé qui bêle. L'Abel après la bête. Il n'a pas fait long feu, celui-là. Agneau mystique. Faites défiler les moutons ! Affaire très sanglante. On comprend que, pour l'arranger, il ait fallu de la vierge, de l'archange, des lys, de la crèche, de l'étoile, des rois mages, des bergers, un recensement général, un massacre des innocents, bref la superproduction.

— Vous êtes voltairien, maintenant ?

— Ne me dites pas que *L'Encyclopédie* n'était pas dans la bibliothèque du marquis ? Ou plutôt dans celle de son grand-père ?

— Derrière Joseph de Maistre.

— Voilà.

Chère Sapho, vous allez noyer votre secret dans le mariage, soit. Il vous arrivera peut-être deux ou trois occasions dérobées. Mademoiselle X ou madame Y ne comprendront jamais pourquoi vous étiez, avec elles, si douce, si enveloppante, dévouée, suiveuse, les yeux brillants et aveugles, avec ces inexplicables sautes d'humeur, jusqu'à la rupture franche, livide... Ce long serrement de main... Ce bras autour des épaules... Ce baiser tout près de la bouche... Cet air abattu... Ce tremblement de voix quand vous étiez seule avec elles... Cette méchanceté massacrante avec leurs hommes... Aurez-vous la chance que Madame Y, un soir, vous fasse les avances nécessaires ? Vous culbute chez vous, chez elle ou dans une chambre d'hôtel ? Se dévoue dans le maniement, les tangentes ? Espérons. Vous ne voulez pas que je demande à Leslie ? Etre *honey* pendant une semaine, deux mois ? Ou à Tania, si vous préférez sa réserve ? A Odile enfin, si vous préférez encore plus de passivité ? Non, non, vous ferez cela bien loin de tout, sombrement, sans suite... Ou alors, abstention. Ce qui d'ailleurs, pour vous, revient au même.

La femme frigide, ce serait enfin le roman des romans. Mais personne n'en voudrait, les libraries renverraient le livre. Ça paraîtrait fou, incroyable. Toutes les femmes frigides, au fond ? Question de mesures exactes ? Plus ou moins continues ? Strictes ? Vous n'y pensez pas ! Tant de phénomènes incessants, convaincants ! Des torsions à n'en plus finir ! Des cambrures ! Tant de preuves ! De bruits ! De poèmes ! Pont des soupirs ! Le monde entier vivrait dans l'illusion ? Dans l'ignorance de la nature qui, pourtant, sous nos yeux, revient toujours à zéro ?

La pluie a cessé, le soleil brille.

J'espère que vous avez prévu l'église ? Ne me décevez pas. Je serai là. Plus de jean, de socquettes, de théâtre de banlieue, de Tsvetaïeva, hein. Fini la psychanalyse, le néo-trotskysme, l'androgynisme. Vous choisissez votre sexe social. Je plaisantais quand je vous proposais Leslie, Tania ou Odile. En réalité, vous n'aimez pas du tout les femmes, vous n'êtes troublée, en elles, que par ce qui ferait de l'une ou de l'autre un homosexuel *abouti*. C'est-à-dire une femme qui serait un homme aimant les hommes et, par exception, une seule femme : vous. La vraie dame à la licorne, marquise ! Licorne d'or ! Tapisserie dans l'escalier du château !

Voyage de noces à Leningrad et Moscou, je suppose ? Pincée de popes, Neva, Ermitage, Place Rouge en octobre, mausolée, souvenirs de Diaghilev, d'Akhmatova et surtout de son amie Glebova, jadis danseuse nue à ses heures ?

Elémentaire, Watsonov.

*

C'est le soir. Je suis encerclé par la brume bleue. On ne voit plus rien. Je n'allume pas, je laisse le double de l'espace être là, je m'efface, j'écoute les pivoines blanches et roses, les pivoines explosées, odorantes dans leur vase rouge. J'attends toujours les pivoines, je pense à elles furtivement en janvier, en février, en regardant les azalées ou les cyclamens qui sauvent l'appartement du gris et du vent. Je suis de l'autre côté de la ligne d'ombre. Vous connaissez Etampes, Reine ? On voit bien sa tour en ruine et son cimetière depuis le train ; il y a des gens qui vivent à Etampes, aucun doute, qui respirent en ce moment le printemps douteux. A mon arrivée, Mag Wolf attendait sur le pas de la porte avec les clés de la Land Rover. A peine un sourire, le programme de la semaine, elle avait ouvert la maison, ciré partout, aéré, chauffé, rempli le frigo, acheté le café, le vin, les cigarettes. Le taxi est reparti en même temps qu'elle, et j'ai retrouvé ce bout du monde comme si le tunnel des jours noirs n'avait jamais existé. J'ai réglé les réveils à l'heure d'été (un dans chaque pièce). La première sensation vive a été celle des oiseaux en tous sens, moineaux, hirondelles, mouettes; zébrures, planages, sautillements, cris, boules tirées chaudes, grand réseau irrationnel et mobile, près de l'eau, dans les arbres. Les oiseaux manifestent la joie des poissons. J'ai ouvert les boîtes de velours bleu sombre de grand-père, j'ai regardé les monnaies. Je me répète, il me semble : les oiseaux, les fleurs, les monnaies, cela suffit. J'ai quand même sorti mon cahier : je n'oublie pas mes devoirs.

(« Comment, vous n'avez pas une machine à traitement de texte, Saïmon? Mais c'est incroyable! Vous ne savez pas de quoi vous vous privez! Qu'est-ce que vous êtes vieux jeu! »)

Leslie, l'ancêtre, est toujours là, dans son cadre. Je n'ai pas montré ce portrait à ma Leslie d'aujourd'hui (je sors de ses cuisses laiteuses, il y a deux jours). Inutile, et pire qu'inutile : dangereux. Je garde pour moi ce tour de passe-passe. Il paraît que Dublin a mille ans cette année. Quel âge aurait-elle, ma petite grand-mère de l'arrière? Cent quatre-vingts? Deux cents? Je ne sais pas à quel âge elle est morte. Vous m'avez déjà parlé des archives. Aucune envie.

Elle a eu sa vie bien présente, l'Irlandaise greffée de chez nous, une vie probablement ni pire ni meilleure qu'une autre, une vie avec le sentiment, comme chacun ou chacune, comme vous et moi, d'être seule en vie. Est-elle venue ici? C'est probable. Les titres de propriété remontent à la fin du dix-huitième siècle. L'endroit est venu sans interruption jusqu'à moi. Bon, elle a vu des canards, des voiliers, des mouettes. Des bouquets de pivoines. Elle a eu de l'argent dans son sac. Elle a caressé des têtes brunes ou blondes. Une rousse, peut-être aussi, puisqu'elle était rousse. Où est passée cette rousseur ? Vous êtes brune, je suis châtain, comment déterminer la façon dont se baladent dans le temps les cheveux, les nez, les fronts, les mentons, les yeux, les oreilles ? A quoi pensait-elle le jour de la photo, la belle Irlandaise en exil chez ces superficiels de Français ? A son île des saints ? A sa mère ? A son père ? A la lumière verte et blanche de chez elle ? Aux rochers qui, ici, sont radicalement absents ? Etait-elle enceinte ? Connaissait-elle même le nom de Courbet ? Non, elle a mangé dehors (comme moi tout seul en ce moment), avec les autres sous le pin parasol, elle a participé à la conversation avec son accent, elle a essayé de rentrer dans le rang, de ne pas trop se faire remarquer des autres femmes, d'éviter le regard des hommes pour lesquels « étrangère » voulait sûrement dire plus ou moins putain. Et puis elle est devenue cette image que la nuit s'apprête à avaler une fois de plus. Quelque chose me dit d'écouter. J'allume une lampe, je ferme la porte-fenêtre. Où suis-je ? Où es-tu ? Où êtes-vous ? Qui parle ?

Mon rêve d'hier : les deux Leslie en une seule, ou plutôt la Jo de Courbet devenue une seule Leslie, là-haut, trop au nord, dans le musée de Stockholm, visage bien modelé, fixe, cheveux de feu déployés autour d'elle, tête de méduse figeant les allées... Et c'était en même temps vous, Reine, emboîtage insaisissable, parfait. Quatre femmes en une. Quatre flammes froides au contour de lune. Il faut noter les rêves précédant un voyage, on le sait.

J'ai formé votre numéro de téléphone. J'ai raccroché. Lune rousse à travers les branches. Marée basse, pas de vent, air de sel. L'espace est une enveloppe ouverte, et pas de message.

Leslie : « Vous partez encore, Saïmon ? De plus en plus ours ! »

A real bear. Elle l'aime bien, son ours. Bonne machine de traitement. Depuis la plus haute antiquité, tout le monde sait que le poivre et le miel sont des aphrodisiaques. *Isn't honey?* Un ours au bord de l'océan, dans la nuit. On va le coucher. On lui fait traverser le jardin, il est un peu ivre, il s'assoit un moment dans la Land Rover, il fait marcher pour rien les essuie-glaces, il regarde les constellations, la grande, la petite, il est traversé par l'air l'humide et doux, il ronronne à l'intérieur sans raison. De quoi serait-il content, je vous le demande ?

*

— Vous ne vous ennuyez pas, Simon ? Tout va bien ?

— A merveille.

— Dites, j'ai repensé à la cent onze...

Pas possible ? Hallucination auditive ? Vous avez bien dit *la cent onze* ?

— Ah bon ?

— En rencontrant Tania dans la rue... C'est bien Tania, la brune ?

— Sans doute.

— J'ai l'impression qu'elle m'a reconnue.

— Impossible.

— Si, si... Elle est discrète, j'espère ?

— J'en réponds.

— Vous en répondez peut-être, Simon, mais il ne s'agit pas de vous mais de *moi*.

— Eh bien, j'en réponds dans tous les cas.
— Vous ne pensez pas qu'elle pourrait...
— Quoi?
— Je veux dire...
— Vous faire chanter?
— Par exemple.
— Absurde.
— Elle a eu une attitude bizarre. Elle s'est arrêtée net devant moi, comme si elle voulait me parler.
— Vous êtes sûre que c'est elle?
— Oui.
— Tiens.
— Cela fait deux lettres anonymes que je reçois, Simon.
— Qu'est-ce qu'elles disent?
— Rien. Le chiffre cent onze à la machine à écrire. Pas de signature, rien.
— Récemment?
— Dans la dernière semaine.
— Ce n'est pas moi.
— Je m'en doute. Mais cette fille...
— Ou quelqu'un derrière elle...
— Ça revient au même.
— Je m'en occupe.
— Merci. De toute façon, ça ne me gêne pas vraiment. Il n'y a pas de photos, n'est-ce pas? (Rire.)
— Pas que je sache.

La photo aurait été superbe. Moi en train de baiser Tania, et une silhouette féminine assise, à dix mètres, dans l'ombre, jambes croisées, en train de regarder la scène... Que dis-je, une photo? Une œuvre d'art! Un tableau hyper-réaliste! *La contemplation*. Ou encore: *Le point d'interrogation*. Triomphe à la Biennale, Reine!

Les peintres n'ont plus d'inspiration, ils font n'importe quoi, on les aide.

— Vous croyez qu'elle veut de l'argent?

— Mais si c'était le cas, elle n'a aucune preuve. Pression psychologique, plutôt. Pas grand-chose. Je vais la sonder. Si c'est elle.

— Ou l'autre?

— Odile?

— Je pense qu'on peut mettre de côté Leslie?

— A coup sûr.

Mais allez savoir.

— Les lettres peuvent être d'Odile, dis-je, la rencontre avec Tania n'aurait rien à voir.

— Sauf si elles sont d'accord?

Quel film, tout à coup...

— Ce serait très surprenant.

Est-ce que je me trompe? Vous n'avez l'air ni préoccupée, ni fâchée... Au contraire... Enjouement d'accent...

Résumons : je n'ai parlé de Reine à personne (vous me croyez, n'est-ce pas?) et surtout pas aux trois de la cent onze. Comment auraient-elles pu l'identifier? Personne d'autre que vous, marquise, ne connaît le contenu de ce manuscrit. L'avez-vous montré à quelqu'un?

— Evidemment non.

— A maître Retz?

— Pauvre Retz...

Alors?

Marie, au téléphone :

— Qu'est-ce que ça veut dire : *cent onze*?

— Cent onze?

— J'ai reçu un mot tapé à la machine avec le chiffre cent onze. Pas signé. Curieux, non?

— Une blague ?
— Oui, mais laquelle ?

Eh bien, mon petit, on te veut du bien... Mais ça prouve au moins que la curieuse ou le curieux frappe à toutes les portes, tâtonne. Marie dans la cent onze ? Quelle idée ! Mais non : c'est bien Reine qu'on vise, et un petit coup de déstabilisation de mon côté, pourquoi pas. Il n'y a que deux hypothèses : soit une indiscrétion de Reine (non, bien, n'en parlons plus), soit une filature directe à la sortie de l'hôtel pour établir son identité (et à ce moment-là, complicité d'au moins une des trois autres).

Le « fiancé » (« exclu, voyons ! »). Le mari de Leslie ? (probabilité nulle). Un des amants de Tania ou d'Odile ? Après tout, je ne sais rien de leur vie, je ne les ai eues l'une et l'autre que quatre ou cinq fois en dehors de la séance de la cent onze, mais cela fait partie des affaires courantes étudiantes-professeur, où irions-nous s'il s'agissait d'un événement. « Mon cher Rouvray, tout le monde n'a pas votre vision du monde fondée sur la vacuité ! » Voix aigre de Delgrave à propos de Xavier avec l'une de ses élèves devenue à moitié folle... J'avais haussé les épaules...

*

— Encore une lettre, Simon.
— Toujours la même ?
— Oui. Cette fois, le chiffre cent onze est souligné.
— Ne bougez pas.
— Je ne vois pas ce que je pourrais faire.
— Votre fiancé n'a rien reçu ?
— Non. Ou bien il ne m'en a pas parlé.
— C'est posté où ?

— Louvre. Aucun signe particulier.
— Attendons.
— Vous n'avez rien reçu, vous?
— Non. C'est presque vexant. Mais Marie, la même chose. (Autant vous le dire tout de suite puisque vous lirez ces pages.)
— Ah, Marie? Qu'est-ce qu'elle a dit?
— Que c'était une blague incompréhensible.
— Ça continue?
— Non. Une fois. La technique est de vous énerver, vous. Pour moi, avertissement. Laissons le plan se dégager. S'il y en a un.
— D'après vous, il y en a un?

Toujours ce ton de gaieté... Enfin quelque chose qui vous amuse...

— C'est possible, mais je ne vois pas lequel.

A moins que... Pourquoi penser à un chantage vaseux? Déclaration d'amour? Quelqu'un veut aller à la cent onze avec vous? Tania? Odile? Un de leurs hommes? Les deux? Les trois? Quatre?

Plus j'y pense, plus l'entente entre Tania et Odile me paraît possible. Tu sais ce qu'il m'a proposé? Comment? A toi aussi? Le salaud, il ne manque pas d'air. Tu sais qui est la bonne femme? Non? J'y vais, tu attends, tu la suis. Je ferai la même chose quand ce sera ton tour. Bon, supposons, mais dans quel but? Se venger? Se faire payer? Me donner une leçon? Coucher avec elle *sans moi*? Plaire à leurs types? Ecrire un roman? *La cent onze.* Quel titre! Oui, donner une leçon à leur prof. Le taoïsme, d'accord, mais pas au vingtième siècle. Centre d'études religieuses? Mon œil!

Et l'impétueuse, la généreuse, l'innocente Leslie, pourquoi la mettre si vite hors de course? Elle a bien droit à ses replis d'ombre, elle aussi. Elle ne m'a reparlé qu'une fois de la cent onze, mais :

— Vous voyez toujours votre voyeuse?
— Non. C'était en passant. Elle n'habite pas Paris.
— Provinciale?
— Profonde.
— Elle a l'habitude de faire ça?
— Je ne crois pas.
— Elle était satisfaite?
— Aucun commentaire.
— Vous ne l'avez pas baisée?
— Non.
— Pourquoi?
— Elle ne veut pas.
— Pourquoi?
— Je ne dois pas lui plaire.
— Vous ne plaisez pas à une femme, mon petit Saïmon? (« Petit », bien qu'elle ait huit ans de moins que moi, voulant dire supériorité financière et donc sexuelle.)
— Ça arrive.
— Poor child! Vous lui en voulez?
— Pas du tout.
— Elle n'aime pas les hommes?
— Je ne la connais pas assez pour savoir.
— Elle aime les femmes?
— Aucune idée.

(Comme s'il fallait absolument « aimer » ceci ou cela! Interdiction de répondre : *rien*. Consommation obligatoire! Slogan américain : la religion que vous voulez, mais ayez-en une!)

— Vicieuse, en tout cas.
— Peut-être pas. Exploratrice.

— Exploratrice! Vous êtes impayable! Elle est riche?

— Pas pauvre, il me semble.

— Vous l'avez rencontrée où?

— Au théâtre.

— Vous n'allez jamais au théâtre!

— C'était la bonne fois.

— Elle vous plaît?

— Elle m'intrigue. Elle m'a intrigué.

(Pardon, mais vous comprenez qu'il fallait dégager.)

— Elle ne vous a rien dit sur moi?

— Pas un mot. C'est une secrète.

Il n'est pas impossible que vous ayez enflammé Leslie... Justement parce que je ne vous plais pas... C'est bien la façon dont fonctionne le désir, chérie? Au positif sous le négatif? Finalement, c'était donc très bien la cent onze! Mon erreur, dans cette hypothèse, serait cette phrase : « Pas pauvre, en tout cas. »

*

La seule chose à peu près certaine, pour l'instant, c'est que Leslie ne connaît pas Tania et Odile. Quoique... Après tout, cela aussi est possible. La pente naturelle des êtres humains est de fonder des familles au pied levé autour de leurs connaissances, et même des femmes rivales, par exemple, qui se nient farouchement les unes les autres à propos d'un homme, s'observent de loin, se pressentent, se devinent, se soutiennent si une nouvelle silhouette apparaît, il y a comme ça des petits syndicats intuitifs, spontanés, marchant à l'effluve... Le bonhomme est toujours plus surveillé qu'il ne croit, le naïf, il est négocié en silence, par ondes ultra-vaginales, par sécrétions nébuleuses... Pas de quartier entre elles s'il s'agit de fixer l'animal, mais solidarité immédiate s'il dérape de son marquage habituel. (Je dis *elles,* mais des hommes peuvent aussi bien se comporter comme elles par rapport à un homme — ou plus rarement une femme qu'ils considèrent comme leur « homme » local.) « Comment, tu ne savais pas que nous, les femmes, on était des flics ? » (Bonjour, Christine, où que tu sois, il est peu probable que tu lises jamais ces lignes, mais rappelle-toi, si c'est par hasard le cas, où tu m'as dit cette phrase mémorable, par terre, chez toi, gentiment, sur le tapis, après m'avoir appris que tu avais fouillé dans le tiroir qui était à moi.) Elles auraient senti ma déclaration d'amour pour vous ? Et Marie ? Mais Marie ne s'inquiéterait que dans la perspective divorce-remariage, ce qui n'est pas le cas, elle n'a donc rien capté au radar. Leslie, en revanche, aurait contacté Tania au Centre ? Histoire d'étudier de plus près mes évolutions ? Et de fil en aiguille ? Why not. Elles auraient pris comme une humiliation la série cent onze ? Tout en disant bien haut le contraire, « c'est amusant, oh oui, pourquoi pas » ? Echec de mon enseignement ? Sur quoi travaille Tania en ce moment ? Sur le tao. Et Odile ? Sur une comparaison entre le vide bouddhiste et celui de Leucippe et de Démocrite. On est loin, en principe, de la psychologie... Etre et non-être, temps éternel... Ou encore : le temps est-il l'intervalle du mouvement (stoïciens), sa mesure (Aristote) ou sa conséquence (Epicure) ? Belle jambe ! Cause toujours ! Moins décisif, tout ça, qu'appartement et vacances. Bien. Mais de là à pousser à l'intrigue... A vous embêter...

J'en oublie mon paysage, Reine, ma solitude suspendue sur l'aile de l'eau. Obligé de repasser, une fois encore, le film de la cent onze, les trois bobines en continuité. Avec arrêt sur image, questions sur le personnel de l'hôtel (insoupçonnable), problèmes de minutage, entrées et sorties... Or je suis formel : tout s'est passé de façon ultra-professionnelle, vous êtes chaque fois arrivée alors que nous étions déjà en action, et repartie dès que vous avez perçu l'accalmie. La porte est au fond de la chambre. A aucun moment vous n'êtes passée près de nous. Trois sculptures en mouvement, une agitée avec Leslie, une creusée avec Tania, la dernière, louvoyée, avec Odile... Ordre décroissant des sensations pour moi. Pour le reste, je ne sais pas, puisque le principe était *no comment*. Il sera dit (Delgrave serait content de l'apprendre) que le Dieu testamentaire n'arrête pas de veiller et que tout acte sexuel est lourd de conséquences... « D'ailleurs — toujours Delgrave —, les techniques taoïstes n'avaient rien d'immoral ! » (tu parles !). « Vous oubliez l'essentiel : la recherche de l'immortalité ! » (mais oui, mais oui). « La science du *garder l'Un* ! » (mais non, j'y fais très attention, au contraire). « Des *travaux pratiques*, mais c'est dément, Rouvray ! » Dément toi-même, vieux libidineux pseudo-évangélique... Pour une fois qu'on peut réveiller le somnambulisme ambiant. Vous, au moins, vous avez été parfaite. Impassible avant, pendant, après. Du genre : « Alors, c'est tout ? Vous croyez à ce genre de choses ? » Non, justement. Comme on est d'accord. A cela près que je suis à l'endroit, si vous permettez, et vous à l'envers. *La femme à l'envers :* pas mal. *L'inertie ?* Non, tendancieux. Enfin, endroit ou envers, même médaille. Antimiraculeuse au possible. La tête et les lys. On mérite mille fois plus l'échafaud que le boulanger, la boulangère et le petit mitron de l'histoire scolaire, même si les braves révolutionnaires, *pour couper court,* ont eu besoin d'en rajouter sur l'inceste entre mère et fils, roman qui a failli, du reste, avoir le contraire de l'effet escompté : les femmes de Paris ne voulaient pas aller jusque-là ! Qu'on la tue, l'Autrichienne, soit : mais ne nous dites pas ça, *en plus* ! A d'autres !

Mon paysage ! Mon paysage ! Ma méditation sur les fins dernières ! Dire qu'il va falloir repartir pour Paris et mener l'enquête ! Ce n'est pas vous qui me faites marcher, au moins ? Qui me racontez des blagues ? Qui avez inventé la rencontre avec Tania, les messages anonymes ? Qui avez envoyé la cent onze à Marie ? Vous ne feriez pas ça pour troubler mon récit, ma retraite ? Pour me mettre à l'épreuve une fois de plus ? Vous n'êtes pas perverse à ce point ? Folle ? Ne me dites pas que *ça y est et que vous m'aimez !* A votre façon, bien sûr... Le château de la pureté... Thérèse d'Avila... Le Bernin de Rome... Je vous vois, là, renversée sur votre édredon, au téléphone, des coussins partout... L'ange à la flèche d'or... Oh oui, c'est vous !... Non, pardon, effacez ce passage (s'il subsiste, c'est que vous l'aurez voulu)... Les anges du péché... Votre tête brune dans la soie blanche comme du marbre... Vos joues... Votre menton rond... Votre plomb de silence oblique... Votre salive qui mord... Vos yeux de velours profond... Cher vampire...

*

Je suis quand même allé à Paris, train bondé, Etampes, la tour en ruine, le cimetière, Austerlitz,

l'attente interminable des taxis. Déjeuner avec Tania.
— J'avais envie de vous voir.
— Comme ça? (Elle rit.)
— Comme ça.

Rien à signaler. On aurait pu aussi bien aller faire l'amour que rester à discuter de questions de cours (ce que nous avons fait). Je l'aime bien, Tania. C'est selon moi la plus brillante élève du Centre. Xavier protesterait, il a son candidat, un Allemand philologue astucieux, un tâcheron en réalité, sans imagination, sans style personnel. J'écoute Tania, sur les quais, dans le printemps cette fois plus fort, je regarde les stupides et militaires pigeons se mordre la nuque pour un bout de pain, elle me parle du poisson Kouen et de l'oiseau P'eng, « le bleu est-il la couleur naturelle du ciel, ou est-il le simple reflet d'une distance infinie? », ces animaux mythologiques ou cette question ont l'air pour elle de points de vue familiers, est-ce qu'elle continue son yoga, oui, naturellement, elle se promène maintenant à l'aise dans le chinois, elle veut perfectionner sa calligraphie pour mieux entrer dans les peintures et l'esprit des poèmes, dans les montagnes et les lacs, dans la fleur qui vaut pour tout l'océan. Pas trace de cent onze. Tranquille. « Il y avait autrefois un grand cèdre pour lequel le printemps durait huit mille ans et l'automne huit mille ans. » Des trucs comme ça. « Exemple d'ignorance entre le matin et le soir : le champignon. Entre le printemps et l'automne : la cigale. » La cigale, mieux que la fourmi. « Qui tue la vie ne meurt pas; qui produit la vie ne naît pas. » Il y en a autant qu'on veut. Voulez-vous me dire ce que signifie exactement une formule du genre : « L'utérus a son double vide, le cœur a sa perspective de ciel »? Elucubrations archaïques ? Sans doute. Mais vous devriez voir le sérieux de Tania me demandant mon avis sur tel ou tel livre, sur un classement nouveau des notions, sur des rapprochements peut-être trop audacieux qu'elle a l'intention de faire... Grande fille brune en chemisette blanche et pantalon noir dans l'île de la Cité... On a l'attitude réservée, nonchalante (faussement nonchalante), d'agents de services secrets communiquant par code... Aucune allusion à nos vies privées... Tania est ambitieuse, très, elle part en Chine à la fin de l'année pour deux ans, la question, pour l'instant, est de clarifier autant que possible (mais il faudrait tout un livre) la gradation suivante :

« De qui avez-vous appris le tao ? — Du fils de l'écriture, celui-ci du petit-fils de la lecture, celui-ci de l'illumination, celle-ci de l'attention soutenue, celle-ci du travail pénible, celui-ci du cantique, celui-ci de l'obscurité profonde, celle-ci du vide suprême, celui-ci du sans commencement. »

Neuf barreaux d'une échelle impalpable. Pourquoi le fils ? Le petit-fils ? Comment et pourquoi le « cantique » venant de « l'obscurité profonde » ?

Chère Tania. Des lettres anonymes, elle ? Pour une séance d'hôtel ? Elle serait subordonnée à un amant profiteur ? Alors qu'elle vient, avec beaucoup de précautions, presque avec tendresse, de me signaler une correction possible (« mais ce n'est pas sûr ») dans le chapitre VII, note 15, de mon *Temps Infini* ? Comme si la ville n'avait jamais existé, ni les ponts, ni les promeneurs, ni la Seine ?

— C'était drôle votre question à Huei sur la rosée. Il en a rosi.

— Vous irez chez lui à Pékin ?

— Je pense. Sa femme est charmante. C'est une

archéologue de talent, il paraît. Elle m'a fait passer trois heures crevantes dans les réserves du musée Guimet. Ils continuent tous les deux sur New York et San Francisco. Ils vont voir Benstock... Je les ai prévenus...

Benstock, vous vous souvenez, ce con... A qui ne citera pas qui...

— Ils ont encore trouvé plein d'os gravés au Nord... Passionnant...

Quant à Odile, j'ai été la voir dans son petit studio du septième... Sixième étage, thé. Elle est davantage française, Odile, donc un peu en retard. Là encore, le lit n'était pas loin, mais ses yeux demandaient le contraire, oh très gentiment, si j'y avais tenu... Pas de fantômes non plus, aucun spectre de cent onze... Je peux vous dire que les questions s'agissant de Leucippe et de Démocrite s'appellent : le plein, l'étendu, le vide, le rare, le principe, l'élément, le corps, l'atome, l'indivisible, les différences, la figure, le rythme, l'ordre, l'assemblage, la position, la modalité, la particule, le contact, les parties en contact... Et l'Illimité, ah, l'Illimité... Robe bleue, on s'est embrassés quand même dans sa petite cuisine, debout, pendant qu'elle préparait le thé... Sympathie... Parties en contact... Puis encore un peu dans le couloir, sous la photo de ses parents et de ses frères, dans un petit cadre... Pas de photos chez Tania, si je me souviens bien. Un beau rouleau emporté noir et blanc, cursive d'herbe.

Voilà, chère cliente. Votre Philip Marlowe vous dit tout. Elles sont aussi innocentes que possible, elles ne se sont rien dit, elles ne se fréquentent pas en dehors du Centre. Odile laissera tomber l'Illimité et son origine chez Anaximandre dans six mois ou un an.

Elle suivra les photos. Son père est pilote de ligne. Quelque part au-dessus de nous en ce moment. Des filles sérieuses, simples. Evidemment, quand on y va, on y va. Cinglé, Rouvray ? Sans doute. Mais pas plus que les hommes en général avec leurs lubies. Un peu plus ? Oui, oui, mais drôle. Il doit avoir ses histoires compliquées, ça le regarde.

— Vous avez une idée sur le *rire* de Démocrite ?
— La même que tout le monde : les préoccupations humaines, en regard de la chute des atomes dans le vide, devaient lui sembler risibles. L'existence du Centre l'aurait fait marrer.

On s'est encore embrassés.

*

Leslie ? Leslie est peut-être une piste sérieuse. Elle n'était pas libre le soir même, j'ai dû attendre le lendemain. Je suis descendu dans mon hôtel habituel, rue des Beaux-Arts, c'est là que j'habite quand je veux garder ma liberté de mouvement, aucune raison de déranger Marie et Paul à l'appartement quand je suis seulement de passage. Je suis allé dîner seul au *Voltaire*. Deux touristes américaines m'ont dragué, elles voulaient aller danser, vous parlez. La nuit, j'ai rêvé de vous : vous étiez dans un cocktail monstre, très mondain, donné sur la Grande Muraille. Spots publicitaires géants, feux d'artifices. Vous buviez à l'écart, pensive, votre coupe de champagne en regardant le vide. Je vous rejoignais, je vous demandais si vous étiez contente de votre week-end en Chine. « Et vous ? » A quoi je vous répondais pompeusement et sans souci du ridicule : « Le saint comprend les écheveaux du monde et embrasse l'univers sans savoir pourquoi. — Sans blague ? (Vous jetez votre coupe de champagne par-dessus le mur.) Il devrait plutôt penser à s'habiller, le saint. » En effet, en pyjama, j'ai une drôle d'allure dans la fête. Vous disparaissez. Il est six heures du matin.

Je ne vous le cache pas, j'ai été traîner du côté de la rue Rembrandt. J'ai marché dans le parc Monceau dès qu'il a été ouvert, en revenant de temps en temps sous vos fenêtres. L'air était vif, il y avait des enfants partout. Mercredi, pas d'école. Paul devait être à sa leçon de piano. J'ai décidé d'aller à ce déjeuner des anciens du Centre qui m'avaient invité il y a un mois. J'avais rendez-vous avec Leslie à quatre heures.

Le déjeuner avait lieu au Bois. Une quarantaine de collègues, la plupart avec leurs femmes, imaginez-vous. Plaisanteries et potins de carrières habituels, comme dans n'importe quelle corporation. C'est plus curieux quand il s'agit de gens qui passent leur vie à Sumer, à Babylone, dans la Grèce antique, en Egypte, en Inde ou chez les chamanes d'Amérique du Nord, obsédés par des stèles, des inscriptions, des statuettes, des vases, des bouts d'étoffe, des mythes incompréhensibles, des fragments de textes authentiques à dix pour cent mélangés de commentaires et d'interpolations confuses à travers les siècles. Les noms ont fusé, il y a eu au moins cinq récits de voyages. Les bonnes femmes essayaient de parler de leur progéniture entre deux numéros d'érudition. Moi, je regardais Goetz, méconnaissable, squelettique, en train de mourir à petit feu du sida. Il était assis à côté d'un de ses vieux amis, Dangeau, et le spectacle, si l'on peut dire, était incessant. Dangeau devait sans cesse émettre le message que *lui* n'était pas malade, se montrer exubérant de santé, plein de projets d'avenir. Goetz, trop heureux d'avoir été invité malgré *ça* (« et puis on invite Goetz, si, si, c'est indispensable, si une des connasses a une crise de nerfs en ayant peur du virus, qu'elle reste chez elle. On ne va quand même pas le laisser tomber? »), promenait sur l'assistance un regard humble, vitreux, reconnaissant, absent. Lui si peu musical par nature, il avait maintenant en lui la mélodie de la mort. Trois tons en dessous, le traitement, l'évaluation du parcours de jour en jour plus restreint... Goetz, mon vieil adversaire... L'auteur d'un libelle, aujourd'hui oublié mais ayant fait grand bruit à l'époque au Centre et ailleurs, sur « certaines scandaleuses interprétations modernistes du chinois »... Je crois même que les journaux en avaient publié des extraits : « La colère de Raphaël Goetz »... Lui, donc, si électrique, si drôle, si pérorant, si snob ; n'hésitant jamais à sabrer un collègue pour un bon mot ; convulsif, flaireur, radiographiant des folles partout (« Delgrave? C'en est une! »); Charlus, si l'on veut, mais en mince, osseux, hébraïque, si totalement proustien qu'on aurait pu le croire échappé d'une esquisse de la *Recherche* (Swann brusquement fondu en baron); progressiste en tout mais fanatiquement conservateur sur le style; lui, là, muet, conciliant, rêveur... Chacun était au courant? Evidemment. Mot de passe. Grandeur de la solidarité humaine. Nous n'avons pas peur (« Tu es sûr qu'il n'y a aucun danger, chéri, pense aux enfants... — Mais non, aucun risque, c'est une question de dignité, Catherine »... N'empêche que Catherine, après avoir serré à contrecœur la main de Goetz, est vite allée, en douce, se laver les mains.)

— Comment, madame, hurle Delgrave, vous lisez encore des romans ?

— J'avoue que..., dit la timide et rougissante toute nouvelle épouse d'Alain Chambrure, le spécialiste du Japon ancien.

(« Je t'avais dit de ne pas parler de tes lectures, Anne-Marie, tu nous as fait passer pour des idiots. »)

— Il y a bien longtemps que j'y ai renoncé, moi, à lire des romans, hurle encore Delgrave. Vous avez regardé une devanture de libraire ? On a l'impression que toutes les secrétaires s'y sont mises ! Elles écrivent et publient à tour de bras, les secrétaires, pas vrai, Goetz ?

— Ça..., dit Goetz en levant vers Anne-Marie Chambrure des yeux vagues.

— Cent romans de secrétaires par mois ! crie Delgrave. Le tissu intellectuel et littéraire de ce pays est détruit. Vous qui connaissez ce milieu, Goetz, enfin je veux dire : la presse, l'édition, que s'est-il passé ? C'est incroyable !

— Les idées modernistes, articule péniblement Goetz... Elles ont dégoûté le public. Il se jette maintenant sur la marchandise purement commerciale. On ne dira jamais assez à quel point certains sont responsables.

Delgrave me jette un coup d'œil rapide.

— Comme certaines exagérations sexuelles d'autrefois ? crie-t-il. Chinoisantes ?

— Vous avez lu l'étude de Negulesco sur les mythes germains ? coupe vite Dangeau dans ma direction. Toujours un peu roumain, mais remarquable...

Anne-Marie Chambrure très pâle... Goetz de nouveau absent...

*

J'étais si déprimé que j'ai failli ne pas aller au rendez-vous de Leslie. Elle m'a semblé aussitôt dérobée, nerveuse. Elle a voulu qu'on aille à la cent onze, « j'ai des fantasmes, Saïmon ». C'est donc elle ? Je lai baisée sans grande conviction, elle l'a senti, on s'est quitté en communiquant par monosyllabes. « Vous revenez à la fin du mois ? » Elle pensait à autre chose. Elle a très bien pu vous faire suivre, c'est vrai (et même lumineux ; style télé). Jalouse de Marie, en plus ? Au fond, elle a avoué de façon indirecte, elle s'est excusée, n'en parlons plus. Je vous fais simplement remarquer, Reine, que vous *n'avez pas* rencontré Tania au parc Monceau. Vous ne devriez plus recevoir de mots anonymes. Leslie a eu une crise, soit. Faut-il lui en vouloir ? Même pas. Elle a été rejointe par la propagande. Et puis, en somme, il s'agit d'un hommage. A vous. A moi.

Vers sept heures, je suis quand même passé à l'appartement. Paul était seul. Il m'a souri :

— Bonjour, Bob Winner deux.

— Pourquoi *deux* ?

— Parce que Bob Winner un, c'est moi.

— Ah bon.

Il me remontre pour la centième fois avec enthousiasme sa cassette électronique sur les aventures de Bob Ouineur. Corps athlétique n'arrêtant pas de courir à Paris (tour Eiffel), à Londres (Westminster), en surmontant tous les pièges... Cette grosse guêpe, surtout, qui occupe soudain l'écran...

— Elle le pique ? dis-je.

— Oui, mais il s'en fout.

— Il traverse une région mortelle?
— Oui, mais il ne meurt jamais. Tu as gardé tes billets d'avion?
— Je suis venu en train.
— Dommage.
Marie rentre :
— Tiens? Tu es là?
Je dérange sa soirée.
— Je suis allé à ce déjeuner... Delgrave avait beaucoup insisté. A cause de Goetz.
— Comment va-t-il?
— Mourant.

Elle boit son martini-dry, Marie, elle n'est pas hostile. Je pense à ce que serait la vie commune avec vous, Reine, à vos sautes d'humeur, à votre aigreur désinvolte, à vos lunatismes imprévisibles. L'enfer. Un enfer de délices? Oui. Comme chaque moment serait invivable! Comme je guetterais chacune de vos rages à peine dissimulée! Comme vos rhumes ponctueraient bien la semaine! Comme vous seriez excitante en me rappelant sans cesse votre inimitié! On mourrait probablement en deux ou trois ans, mais quel voyage. Vous prendre en pleine fureur, vous obliger, froide et sèche, à faire l'amour en écoutant vos « non! non! vous voyez bien que vous m'emmerdez! », quelle merveille! C'est grâce à vous que j'entre dans l'autre nature, dans son refus insondable, la haine s'amplifiant dans le cercle fuyant et gonflant aux extrêmes... Tiens, c'est de l'Empédocle, ça... L'amour que la haine a pour l'amour... La haine que la haine a d'elle-même et d'où resurgit l'amour... Sans fin, sans conclusion possible...

« Egal à lui-même partout, illimité,
Sphairos est là, tout rond, joyeux, immobile... »

Mais :

« Quand la haine a grandi dans le sein de Sphairos,
Elle surgit pour réclamer les honneurs dus... »

« Alors, on revient aux Grecs », dirait Xavier, moqueur. J'ai de lui une lettre du Texas d'il y a une semaine : « Mon cher, il y a ici une petite salope, je ne te dis que ça, et savante en plus ! Les gnostiques font des ravages, tu ne pourras jamais ramener tes Chinois »... Bonne chance sur ton campus, vieille branche. Non, sois tranquille, personne ne te reconnaîtra. Pas plus que vous, vigilante et masquée marquise. Seules les secrétaires, désormais, comme dirait Delgrave, écrivent, se publient, se lisent les unes les autres et font de la critique littéraire. Je m'empresse d'ajouter que je n'ai rien contre les secrétaires, au contraire, surtout lorsqu'elles travaillent au Centre. Mais comment s'appelle, déjà, celle qui rend compte de nos publications dans *Vibration* ? De façon systématiquement négative ? Avec une détestation viscérale qui fait plaisir ? Danièle Godmisch. Xavier a dû l'approcher avec imprudence. Avec vos vingt pour cent, Reine, vous devriez demander qu'on la déplace, qu'on la mette en « société » ou en « économie ». Je vous assure qu'elle gêne la propagation des connaissances. A moins que vous jouissiez en secret de son venin périodique ? *Le Temps Infini* expédié en vingt lignes, « lourde compilation sans originalité, on attendait mieux sur le sujet » ? Alors qu'elle ne connaît pas deux mots de chinois, ni de français, d'ailleurs, à en juger par sa syntaxe hésitante, bornée, péremptoire ? Quelle époque ! Derniers jours de Byzance... Heureusement que nous sommes là, tous les deux, chérie, pour nous occuper, envers et contre tout, du sexe des anges. On pourra difficilement faire mieux que nous sur ce sujet. Si vous publiez le manuscrit, je vous en prie, faites jouer vos vingt pour cent sans scrupules. Je veux pouvoir lire, dans mon coin, un article du genre : « Un chef-d'œuvre, et sans doute le livre le plus insolite, le plus vicieusement tordu jamais écrit... Qui en est la mystérieuse commanditaire ? » Histoire de rire un peu. Ce n'est pas si souvent.

*

Je suis revenu en avion. En bas, sur l'océan, les bateaux avaient leurs petits sillages d'étoiles filantes et lentes. Temps dégagé partout. Une lettre de Leslie m'attendait : « Simon, vous avez tout compris, vous me pardonnez ? J'ai été très mal ces temps-ci. Vous savez que je vous aime, honey ? » Mais bien entendu, *honey*... Rien de plus facile à pardonner que les égarements passionnels. J'espère qu'on en fait autant pour moi. Mystères de la chambre noire. Xavier : « Elles se plaignent de toi, Simon... Tu comprends, tu ne les considères jamais *pour elles-mêmes*, mais comme faisant partie de tes attributs. Attention à la révolte des attributs ! — Mais chacun est toujours l'attribut de chacun. — Tu le laisses trop voir... Tu es trop personnel, égoïste, maîtrisé ou voulant le paraître. Ça les blesse... Au fond, tu ne les aimes pas. — Comment ça ? — L'*autre*, mon coco, le sens de l'*autre* ! Ça te manque ! Trop de chinois ! »

Le voyage a irréalisé le paysage, le paysage irréalise le voyage, reste la sensation d'être là sans savoir très bien qui est là. Excellent exercice. Je suis comme vous, Reine : j'attends. C'est votre caractéristique principale : attendre. Attendre que ça se dissipe, buée, fumée, bruit. Je vous imagine dans n'importe quelle situation, dans n'importe quelle assemblée : vous attendez. C'est pourquoi vous aimez ou vous feignez d'aimer le théâtre (finalement vous continuerez à aller en banlieue, vous expliquerez à votre mari, mort d'ennui, que c'est à cause de la subvention de votre fondation, de la bourse de tel ou tel débutant, du génie d'un décorateur ou d'un costumier, n'importe quoi, alors que la vraie raison est que le théâtre matérialise cette attente, les paroles et les gestes pour rien, pas d'images, non, mais les corps réels, là, bien palpables). Vous attendez, car rien de ce qui se passe n'est digne de ce qui devrait ou aurait dû se passer. Moi, j'attends pour attendre, je n'attends rien. Votre attente a quelque chose d'éternel, la mienne est instantanée. Elles se rejoignent sans doute à l'infini, comme on dit, c'est-à-dire nulle part. En d'autres temps, vous auriez été une sainte catégorique, une suicidaire sublime, style Simone Weil, laquelle avouait avoir commis le péché d'envie chaque fois qu'elle avait pensé, rien de moins, à la passion du Christ en croix. Finissant dans l'inanition pour être plus proche des pauvres, des prisonniers, des malades, de ceux pour qui l'avenir est nul et le poids du présent écrasant dans l'attente inutile. Votre volonté de souffrance, votre obstination désolée, souriante, consistant à n'accorder de réalité qu'à la décomposition (c'est votre côté stalinien innocent, si l'on peut dire : à la fin, c'est toujours la mort qui gagne), auraient fini par forcer l'admiration, le respect. Et, *surtout*, l'aveu des plus criminels, des plus fermés sur eux-mêmes, des plus débauchés... Ah, être là pour les derniers moments d'un condamné à mort pour « dévergondage » ! Quel dommage que ça ne se fasse plus ! Comme vous auriez aimé tendre votre visage, comme Catherine de Sienne, pour qu'il soit éclaboussé du sang d'un décapité, après l'avoir exhorté de tout près, jusqu'au bout, vers son salut, vers le ciel ! Quel plaisir de pouvoir *torturer un bourreau* ! En toute bonne conscience ! Au nom des victimes ! Vous pensez bien que j'aurais été volontaire, dans ces conditions, pour me décapiter moi-même ! Ou alors, la castration du malade de l'origine, Origène ! Ou de ce gros lard d'Abélard ! Pour vous, en secret, rien que pour vous ! *Attendre* : tout s'effondre, tout craque, tout claque, aucune ruse n'usera jamais ce qui s'use ! Bougez, parlez, baisez, dépensez ! J'attends. Ça m'attend. S'attend. Ô larve intelligente ! Ô lune fardée !

— C'était Leslie.
— Pourquoi a-t-elle fait ça ?
— Crise d'amour.
— De haine, plutôt.
— C'est pareil.
— Vous simplifiez toujours.
— Elle n'ira pas plus loin. Le message était pour moi. De toute façon, aucune preuve. Le type qui vous a suivi peut très bien s'être trompé en sortant, vous n'avez jamais mis les pieds dans cet hôtel, vous passiez peut-être dans la rue, et encore. Vous ne me soupçonnez pas d'être de mèche avec elle ? D'avoir tout inventé ?
— J'y ai pensé.
— Je m'en doute. Mais vous n'y pensez plus ?
— Non. Leslie, quand même, quel conformisme !
— N'est-ce pas ? Tout le monde est conformiste à un moment ou à un autre.
— Vous aussi ?
— Mais oui. Ça m'amuse de le constater. Des millions et des millions de parents intériorisés, réels

ou imaginaires, nous observent et nous jugent. Disons que Leslie s'est vraiment prise pour ma plus-que-grand-mère, et n'en parlons plus.

— Mais vous m'avez dit que vous ne lui aviez pas parlé de l'autre Leslie ?

— Elle a trouvé toute seule. Ou en rêve. Les esprits chevauchent les humains...

— Pardon ?

— C'est mon côté fantastique.

— Dans le Tao ?

— Il y a des franges magiques. Il faut bien.

— Vous n'êtes pas brouillé avec elle ?

— Non. C'était nécessaire ?

Silence. Un point.

*

D'autant moins nécessaire que je ne réponds pas à son mot, que je n'en parle plus, donc que je n'admets même pas avoir compris de quoi il s'agit. J'aime baiser Leslie, si elle n'en a plus envie je n'en aurai plus envie non plus, c'est très simple. Il y aura toujours quelqu'un d'autre. Ou personne. Encore mieux. Fluide vital en plus, nécessaire pour la méditation et l'extase. L'extase ? Oui, oui, pas du tout le « renoncement », chérie. Le mot vous fait rire ? Vous déplaît ? Vous dégoûte ? Vous paraît enflé, verbeux ? Riez, riez, je ne tiens pas à être le dernier qui rit, je n'ai aucune envie d'être le dernier en quoi que ce soit. Je ne crois pas à la fin du monde, pas plus qu'à l'intérêt capital de ma vie, de la vôtre, ou de celle de qui vous voudrez. Ici, maintenant, là, tout de suite. Vent dans le pin parasol. Vagues courtes et vertes de la marée. La fenêtre d'est, celle d'ouest. Le lit jaune et sa cargaison de délires, nage plus ou moins déliée du sommeil, cauchemars, effrois, clairières, écoutes, réveils. J'acclimate la mort, je la cultive par petits canaux. C'est ma rizière. « Histoire secrète d'un moine zen et d'une dame de la cour » : je me vois très bien écrivant cette chronique au huitième siècle. Il y a sûrement eu des affaires comme ça, pas de manuscrits, autocensure ou police de l'époque. Il y a toujours une police, celle d'aujourd'hui semble occupée ailleurs, profitons-en. Les écrits, en apparence, n'ont plus d'importance, quels sont ceux qui tombent sous le coup de la loi ? Apologie du suicide ou de la drogue, incitation à la discrimination et à la haine raciale : les moindres de nos soucis. Publicité pédophilique ? Encore moins. « Vous ne vous intéressez pas à la Loi, m'a dit un jour Delgrave, vous ne serez jamais un pervers ! » Sur le ton : vous n'êtes pas dans le coup, Rouvray ! Votre département sera toujours *marginal* ! Il a raison. J'imagine mal une guerre pour imposer le taoïsme. Je ne mange presque plus rien, juste un peu de poisson, le soir, dans le sillage des mouettes.

Naturellement, j'aurais pu vous raconter autre chose. A propos de Tania, par exemple. Je la retrouve aux mains d'un petit dealer astucieux, elle est accrochée, elle manque d'argent, elle me raconte le complot en pleurant, elle m'offre quelques lignes d'excellente qualité, nous faisons l'amour sombrement avec une délicieuse sensation de fraîcheur dans les tempes, elle me propose d'entrer dans le coup, j'accepte, nous montons nos plans, etc. Mais nous ne sommes pas au cinéma, n'est-ce pas ? « Vous n'allez pas au cinéma ? — Jamais. — Vous ne regardez pas la télévision ? — Si, mais désormais sans le son. — Ça ne vous manque pas ? — Non. — Mais de quoi parlez-vous dans les dîners? De politique? — Non plus. Je ne dîne pas. Je ne parle pas. — Mais vous êtes un ours? — Oui. »

Dans la nuit.

Vers la fin du vingtième siècle, à dix kilomètres de toute activité humaine.

Ces sardines à l'huile, ce pain, ce beurre, ce vin blanc, quel luxe, Reine! Où êtes-vous en ce moment? De quel film parlez-vous? De quelle hypothèse de pouvoir? Qui vous fait la cour, en pensant que vous êtes une femme qu'on pourrait avoir? Comment allez-vous vous débrouiller pour éviter l'excitation maladroite de votre amant et fiancé, au retour? Comment allez-vous l'expédier? Un art méconnu, épuisant, non, l'expédition des hommes par les femmes, depuis le temps que ça dure, c'est qu'ils croient être prévus au programme, les braves garçons! Je bois à votre santé de fer, brisée, inlassable. Encore un petit rhume demain? La voix prise? Les yeux rouges? Encore de méchante humeur? Comme vers le vingt-deux du mois tous les mois? Venez, pauvre chat, venez vous reposer dans mes bras, venez que je vous *entoure*. Ils et elles ne savent pas. Ils ne sauront pas.

*

Pardon pour hier, c'était le vin, l'air après la bousculade à Paris. Mais je m'aperçois d'une omission flagrante, d'un manque inexcusable dans ma narration, je n'ai pas assez dit, je ne sais pas dire à quel point vous êtes tout simplement ravissante. Si, si. La dernière fois, dans votre robe légère de coton noir... Au diable Empédocle, le tao, la poésie sous les Tang, la méditation, l'extase : la vérité vivante, c'est vous. Voilà, je reprends du recul, j'ai la bonne distance, front, nez, bouche, mains, cou. Je vous laisse aller, je vous enveloppe. C'est magnifique comme vous pouvez, chaque fois que je le veux, vous concrétiser là, sous mes yeux. Je vous évoque et je vous convoque. Votre présence me gênerait, maintenant. Ou alors, il faudrait que vous soyez là trente secondes, juste le temps de toucher votre bras, votre épaule, et puis vous disparaîtriez, ce serait très bien. Règle du jeu : intersections au laser. J'ai presque réussi avec Leslie : imagination surchauffée, acte bref. Sinon, quelle profanation, quel ennui, conversations, durée déchargée qui s'étire... Satyrer ou s'étirer, il faut choisir. Le rendez-vous précis, magnétique, après des embouteillages sans fin de lenteur... L'embêtant, c'est qu'elles veulent du temps, du temps pour le temps, comme une crème. Du temps, de la parole, de l'espace garanti. Alors que tout se joue sur une pointe d'épingle, gifle d'émotion, piqûre, parfum... Mais l'abandon? dira le public. L'accouplement passionné? Le nirvana-sirop? L'aurore boréale? Merde. La chose, c'est le stylet. Petit bruit, rappelez-vous, quelques gouttes... Petite cause, grands effets... Les humains ont à leur disposition une merveilleuse machine dont ils ne savent pas se servir. Ils la font ronfler, ils la claquent. Pincement des narines, des lèvres, c'est déjà beaucoup... Frémissement du cul, imperceptible mouillure... Chut! N'en dites pas davantage, c'est trop!

Vous savez qui est venu me voir cet après-midi, à l'improviste? Régine, l'apparition au transistor et au carton à dessin. Prétexte : m'apporter de l'eau minérale de la part de Mag Wolf. Tactique : short et chemisette. Stratégie : un monsieur si convenable tout seul, là-bas, au bord de l'eau... Il doit trouver le temps long ? Je lui ai offert un jus d'orange. Je n'allais quand même pas lui expliquer que je la préférais, elle ou plutôt ses jambes, *de loin,* couchée dans l'herbe, faisant semblant de n'être pas vue ? Toutes ces bricoles d'excitation, ces périphéries du fantasme, sont tolérées, soit, si elles sont le signe d'une ébauche de contrat social... On n'est pas des animaux, quand même ! *On se parle !*

— Vous n'allez jamais vous baigner ? a dit Régine.
— Non.
— Vous ne sortez pas le soir ?
— Où voulez-vous sortir ?
— Il y a une boîte, à vingt kilomètres.
— Je n'aime pas danser.
— La musique non plus ?
— Non. Trop de bruit.
— Mais qu'est-ce que vous faites de votre voiture ?
(Sous-entendu : vous pourriez peut-être me la prêter ? Ce serait mieux, le soir, que mon vélomoteur.)
— Presque rien.
— Vous lisez ? Vous écrivez ?
— Je dors.
— Vous avez été malade ?
— Non. J'aime dormir.
— Le jour ?
— Le jour, la nuit, tout le temps. J'étudie mes rêves.
— Vos rêves ?
— Pourquoi, vous ne rêvez pas ?
Elle rit. Elle rougit un peu.
— Si, bien sûr, mais je n'y fais pas attention.
— Vous avez tort. C'est plein de renseignements. Racontez-moi le dernier.
— Le dernier quoi ?

— Votre dernier rêve.

— Mais je ne m'en souviens pas !

(Quel est donc celui que vous avez raconté hier à votre psy ? Et en plus, ces gens-là analysent leurs rêves ! Et, parfois, ils payent pour ça !)

— Faites un effort. C'est drôle.

— Attendez... Non, vraiment.

— Encore un peu de jus ?

— S'il vous plaît.

« Il est un peu fou, le monsieur. Il m'a dit qu'il dormait tout le temps et qu'il analysait ses rêves. — Il ne doit pas en avoir beaucoup, de rêves, en plein océan ! — La maison est belle... — Il ne t'a pas dit de revenir ? — Non. — Je suis sûre qu'il est timide. Tu lui as montré tes dessins ? — Je n'ai pas osé. — Il fallait, il fallait... »

*

Comment ? Vous êtes à Venise ? Vous me téléphonez de là-bas ? Je me demandais où vous étiez passée. Et bien entendu au Danieli. Bon séjour, promenez-vous bien. Je ne suis allé qu'une fois là-bas pour un congrès sur la confrontation (comme ils disent) Occident-Orient. C'était lors d'une tournée du Dalaï-lama en Europe : il nous a fait un petit discours très chic, très Harvard, j'en ai profité pour marcher trois jours dans tous les sens, voyons, où sont passées mes notes ? Ah oui, voilà ce que j'aimerais que vous fassiez pour moi lors de votre prochain voyage : il y a un endroit fabuleux de présence, d'évidence. Ayez la gentillesse de vous y arrêter cinq minutes. Vous voyez le palais-musée de Peggy Guggenheim ? Poursuivez dans les ruelles, vous arrivez presque tout de suite sur le

Campiello Barbaro. C'est là. Une petite place avec trois acacias et une fontaine basse, en bronze. Vous ne pouvez pas vous tromper, je répète : Campiello Barbaro. Ponte San Cristofolo. Allez-y après le dîner, vers onze heures. Vous êtes devant l'antique Ca Dario, rouge, avec une terrasse de bois fermée par des rideaux de toile blanche. J'espère que le magnolia et les lauriers sont en fleurs. Un rossignol ne peut pas éviter de chanter. Avec le bruit dégoulinant de la fontaine (et peut-être, malheureusement, celui d'une télévision par la fenêtre ouverte d'un des appartements), c'est le son le plus net. Vous pouvez compter si vous voulez les marches arrondies du petit pont : il y en a neuf. Vous vous penchez, vous plongez les yeux dans le canal d'eau ridée vert-noir. C'est tout. Bon, d'accord, vous allez voir, à droite, le magasin noir d'antiquités avec des gravures du dix-huitième et des « incisions » originales de Turner. Vous ne pouvez pas vous empêcher de lire — marbre blanc dans le mur de briques — la plaque dédiée à Henri de Régnier, « poeta di Francia », lequel « in questa casa antica, venezianamente visse e scrisse ». On est en 1901 :

« Car sinueuse et délicate
Comme l'œuvre de ses fuseaux
Venise ressemble à l'agathe
Avec ses veines de canaux... »

Pourquoi pas... Ils ont gravé *agathe,* le prénom, au lieu d'*agate,* la pierre. Mais la surprise est plus loin : vous continuez vers la Salute et là, juste au tournant, encastré dans la brique, à peine dissimulé par le lierre, vous voyez quoi? Votre visage. Il y a en effet un miroir, peu de gens le remarquent, un miroir dans le mur contre toute attente, pour rien, piège d'instant...

Je ne vous interdis pas de revenir encore cinq minutes sur le Campiello. Ecoutez-moi cet espace, écoutez comme il est de l'autre côté, davantage *ici* que tout le reste. Oui, oui, quelque chose s'est passé là, et pas du tout dans le registre d'Henri de Régnier, le pauvre. Comment? Quoi? Je veux être partout à votre place, je prétends tout saisir avant vous, je vous empêche de vivre? Quoi encore? Vous voulez savoir de quoi je parle *exactement*? L'événement du Campiello Barbaro? Vous me soupçonnez déjà d'avoir baisé, là, sur le pont, de nuit, une sinueuse et délicate amie vénitienne? Eh, eh... Jambes fuselées, cul d'agate, veine mordue au creux du genou?... Voyez comme la trouée du canal, presque entièrement recouverte de feuillages, se prête à une perspective enfoncée, discrète... Ah non, je ne dirai rien. Mais si vous êtes passée par Peggy Guggenheim, vous avez sûrement aperçu deux ou trois charmantes hôtesses... L'entrée est toujours à cinq mille lires? Pour admirer le surréalisme de la propriétaire et ses environs? Sa chambre à coucher de petite fille ridée milliardaire avec les mobiles de Calder comme pour un berceau à hochets? Venez, je vous prends par la main, je vais vous montrer quelque chose qui en dit plus long que tous les congrès, plus long qu'un acte ignoble, étouffé, brodé au rossignol, dans l'ombre. Encore quelques pas, c'est là... Au fond du jardin, sur la droite... Près d'un grand platane qui est, sans conteste, la plus belle sculpture de l'endroit... Beaucoup plus convaincant, avec son tronc tavelé, puissant, interminable, que les efforts de Giacometti, de Max Ernst, d'Arp ou d'Henry Moore pour nous restituer les divinités grecques, étrusques, cycladiques, africaines ou autres, soudain resurgies dans les têtes perturbées de notre siècle sans tête. Je vais vous déchiffrer le vrai message de Peggy. Ce qu'elle pensait réellement de sa collection de chefs-d'œuvre, de ses amants inspirés, de ses comptes en banque, des légendes et des mythologies plus ou moins occultes de l'art au-delà de l'art. Venez, chut, nous y sommes...

Elle est là. Sous la plaque de marbre noir. Vous la trouvez minuscule, la plaque ? Elle a été incinérée voyons. Ses cendres, donc.

HERE RESTS PEGGY GUGGENHEIM. 1898-1979.

Chez elle, contre le mur. Tout le monde ne peut pas s'offrir ça (je vous conseille de vous y prendre très à l'avance si vous voulez faire la même chose en Touraine).

Elle a vécu quatre-vingt-un ans, elle a connu ce qu'il y a de plus libre et de plus subversif sur la planète, oui, le musée en colimaçon de New York, c'est bien elle.

Plaque de marbre noir, bordure de pétunias blancs. Et, juste à côté, dans les fleurs soigneusement entretenues :

HERE LIE MY BELOVED BABIES.

Elle parle d'outre-tombe ? On se frotte les yeux... Tous ces enfants morts ? A la guerre ? Fausses-couches ? Avortements ? Expériences en bocaux ayant mal tourné ? D'autant plus émouvant que la liste est longue :

Cappucino 1949-1953.

Pauvre petit, c'est affreux, mort à quatre ans...

Cappucino, quel nom charmant, elle venait de découvrir l'Italie, juste après la guerre...

Pegeen 1951-53.

Deux ans seulement, quelle horreur...

Peacock 1952-53.

Quel massacre ! Malheureux innocents... Et pas le moindre messie ?...

Toro 1953-57.

Hemingway à Venise ? Avec, tout de suite, les conséquences féministes ? Dans l'ordre :

Foglia 1956-58.

Mme Butterfly 1954-58.

Baby 1949-59.

Emily 1945-60.

Ils ont quand même commencé à grandir un peu, ces toutous, ces toutoutes... Des chiens, naturellement, vous aviez compris... « Beloved babies » ! Toute sa collection ! Ses vrais trésors ! Beaucoup plus aimés que les tableaux tarabiscotés et les bouts tordus de ferraille ! Beaucoup plus humains ! Plus chers !

White Angel 1945-60.

Sir Herbert 1952-65.

(Concert Karajan ? Missa solemnis à Saint-Marc ? Doberman ?)

Sable 1958-73.

Mélancolie et désert... On s'enfonce...

Gypsy 1961-75.

Pas un seul homme de cœur pour sauver la généreuse bohémienne aux mains d'or ?

Hong Kong 1964-78.

Danger de Mao ? Coolie souriant ? Ultime pékinois bouleversant de tendresse ?

Cellida 1964-79.

La dernière... Shakespearienne... Elle ne lui a pas survécu...

En tout, cela fait quatorze *babies,* ce qui n'est pas mal dans la vie d'une femme. Et bien balancés : sept mâles, sept femelles. Match nul. Vous remarquez que Peggy *rests* repose ; et que les enfants animaux, eux, *lie,* gisent. Ne confondons pas. Ils meurent d'ailleurs au mieux à quatorze-quinze ans, à la puberté, quand tout se gâte dans le monde humain. Elle les a eus entre cinquante et un et quatre-vingt-un ans. Mathématique. Est-ce qu'elle aurait eu juste quatorze amants dans sa vie, Peggy ? Ce serait trop beau. Imaginez ces chihuahuas, ces chows-chows, ces danois, ces dalmatiens, ces labradors, ces boxers, ces bassets, ces foxterriers, ces setters, ces lévriers afghans, ces malinois, ces épagneuls, ces chiens-loups, ces grœnendaels, couchés les uns sur les autres sous les pétunias blancs virginaux ! En voilà une œuvre d'art ! Irréfutable ! *Here rests P. G.* ... Prehistoric Goddess !... Elle a retrouvé spontanément l'enterrement classique des débuts difficiles et terrorisés de l'humanité. On vient encore de retrouver plein de nécropoles de ce genre en Mongolie. La grand-mère au centre, les balbutiements autour... Ecoutez : les chiens fantômes sont devenus des chats dans l'au-delà, ils ronronnent vers la poussière de leur maîtresse adorée à travers les fleurs... Touchant chuchotis... Retirons-nous doucement, ne troublons pas la foule américano-japonaise... Tact gynécologique... Douce Peggy...

V

— Simon, vous avez un moment ?
— Je vous écrivais.
— Est-ce que vous seriez libre vers le quinze août ?
— Sans doute.
— Vous pourriez venir en Touraine ? J'aimerais vous montrer l'endroit.

Ô fleurs ! Rosée d'ondes ! (Un an depuis la cent onze.)

— C'est moi qui vous dérangerais.
— Mais non, puisque je vous le propose. (Voix déjà agacée.)
— Alors, avec plaisir.
— Je vous envoie le plan d'accès au château. Le treize à dîner ?

Le fiancé sera en voyage à ce moment-là ? Ou, au contraire, elle veut me le présenter au milieu d'autres invités pour jouir du malaise ? Elle sera *seule* ? Elle veut s'introduire encore davantage dans la narration ? Me faire perdre le fil ? Interrompre ma croisière chinoise ? Tout cela à la fois ? Du calme.

(Delgrave, autrefois, à la fin du congrès de Venise : « Rouvray, vous avez un smoking ? — Non. — Trouvez-en un. Madame Guggenheim veut qu'on s'habille. — Je la croyais surréaliste. — Justement »... J'ai fini par en trouver un trop petit du côté du théâtre de La Fenice. Xavier : « Tu as l'air d'un premier communiant boudiné. »)

En août, Marie et Paul seront en Israël, Leslie en Italie (à Venise, tiens, les circuits sont petits). Quelques jours pour moi en Touraine ? Sur le motif ? Dans l'intimité de mon ombrageuse marquise ? Mais, voyons, c'était écrit, le lys d'or ne calcule pas, il pousse tout seul.

— Vous pouvez amener qui vous voulez.

(Sur le ton : si vous commettez une telle faute de goût, je vous tue.)

— C'est très gentil, mais je viendrai seul. Comment était Venise ?

— Merveilleux.

J'entends un énergique *ennuyeux*.

— Vous êtes allée voir la collection Guggenheim ?

— Non, pourquoi ? Il y avait quelque chose de spécial ?

— Je ne pense pas.

— Alors, je connais déjà. En revanche, il y avait une très belle exposition Véronèse. Et un très bon concert avec le quintette avec clarinette de Mozart. Vous le connaissez ?

— Un peu.

Ma question, en réalité : avec qui étiez-vous à onze heures du soir ? A minuit ? Petit déjeuner en commun ou pas ? Début de l'après-midi ? Sieste ? Etait-ce le figurant prévu ? Un autre ? Une autre ? Personne ? Comment vous êtes-vous habillée, déshabillée, rhabillée ? Votre *linge,* Reine ! Vos culottes de soie !

Je peux être franc avec vous ? Tout à fait ? Oui, le contrat le permet, l'exige. Eh bien, je ne serai pas satisfait, dans ce monde ou dans l'autre, tant que je ne vous aurai pas fait regarder dans une glace, vous, tournant la tête, moi, écartant délicatement vos fesses, découvrant votre truffe cachée, rétractile, rose et noire, votre lunule ou boutonnière de rêve, votre *pensée* bien ferme, votre volonté. A ce moment-là, préparez-vous, je vous soufflerai à l'oreille : « J'ai mon mot à dire. » C'est cela que je veux accomplir avec vous *d'abord*.

— Pas d'autres lettres anonymes dans votre courrier ?

— Non.

— Vous voyez.

Mais des *cent onze*, il y en a dans tous les hôtels de luxe du monde, et il s'y passe en ce moment même des choses plus ou moins infâmes, chérie ; des copulations en tous sens, avec ou sans lendemains, légitimes ou non, hétérosexuelles (comme on dit) ou non (comme on dit), avec ou sans préservatifs. Je ne veux plus que vous habitiez jamais une chambre ou une suite cent onze. Fuyez ce chiffre comme un treize ! C'est trop grave !

— Vous avez des nouvelles de Leslie ?

— Pas pour l'instant. Elle est à New York.

— Elle ne recommencera pas ?

— Peu probable.

— Vous avez beau temps ?

— Fixe.

— A Venise aussi, il faisait très beau. Sauf les orages.

On pourrait continuer comme ça, dans les banalités, pendant une heure...

— Vous avez bien travaillé ?

Travaillé ?

— Plutôt.
— J'ai hâte de vous lire.
Lire ?
— Je vous envoie vingt pages dans deux jours.
— Allez-y, je ne bouge pas de Paris.

Quelle heure est-il ? Midi ? Vous venez de vous lever ? De prendre un bain ? Le lys est dans votre champ de vision, dans le salon, sur la droite ? Vous êtes nue ou quoi ? Prête à sortir ? Vous avez un *déjeuner d'affaires* ?

— Donc le treize ? Et, avant, au téléphone ?
— Appelez-moi quand vous voulez.

Est-ce moi qui ai prononcé la dernière phrase ?

*

Remarquez que si vous voulez voir, lors de votre prochain voyage à Venise, mon portrait *craché* (mais pourquoi le voudriez-vous, vous serez tout de suite au Lido ou dans une balade en mer), vous pouvez aller à l'église des Gesuati. Supposons, nous sommes le treize juin, c'est la Saint-Antoine de Padoue, il y a toutes les chances, en entrant, à droite, que le portrait du saint soit exposé, entouré, comme d'habitude, de grands bouquets de lis blancs. Il est en moine-Giotto, en train d'embrasser avec appétit un petit Jésus blond, frais, très en forme, mouvementé, rose. Le tableau est comme un miroir ovale, ne me dites pas que la tête n'est pas la mienne, la remarque, je m'en souviens, est venue de Goetz : « Rouvray ! Vous êtes saint Antoine de Padoue ! C'est vous ! C'est vous ! » Le cher homme, lui, était plutôt dans le genre sainte Madeleine. Mais Antoine de Padoue ou pas, ce sera pour vous l'occasion de voir de superbes lis. Bien dressés, déclaratifs, nets. Six pétales, six étamines, un pistil. Contrairement à ce qu'on pourrait croire, Reine, l'homme c'est le pistil. Je vous écris ce truc en six parties, vous voyez, pour des raisons profondes. Le pistil est en plus, on ne le compte pas, cela fait six plus un, l'un restant invisible, partout et nulle part, seul avec son harem, ses voiles, ses conséquences groupées, son épanouissement virtuel. On dirait un trait de sexe en plein visage, en plein cœur, avec deux yeux, deux oreilles, deux narines, le reste, tige et feuilles, s'arrangeant pour faire thorax, bras et jambes. *Lilia non manent...* Ils sont hors trafic, les lis. Quelque chose d'impossible, en eux, a dû impressionner depuis toujours l'imagination. La femelle bien mâle, bien directe. Vous m'avez compris ? dit l'archange. Oh oui, dit la super-rédemptrice en baissant les yeux. Je vous salue ? C'est trop aimable de votre part. Pas fané, malgré le voyage intersidéral, l'organe détachable du Saint-Esprit ? Je vais vous en faire livrer demain, par téléphone, deux douzaines, mais ils n'auront pas l'évidence de ces merveilleux lis blancs et jaunes de Venise qui viennent de tous les environs signer, comme des poignards campagnards, les autels de la ville entière.. Oui, un beau congrès, quand j'y repense... Delgrave, toujours plus œcuménique, était ravi. A part quelques interventions de pointe (dont la mienne, que vous pourriez lire dans *Metaphysics* 33, nouvelle série, *Towards Vacuity* p. 150, Boston, 1979, au lieu de feuilleter l'édition italienne de *Vogue*), on nageait en plein syncrétisme, christianisme repris aux sources, agent d'unification mondiale (« C'est reparti ! » disait Goetz, alors éclatant de santé, courant la ville à la recherche de gondoliers poilus et mammistes, « c'est reparti ! je fuis ! »). Je nous revois,

Xavier et moi, avec nos casques d'écoute à traduction simultanée, subissant un Russe barbu, allumé, rauque et dostoïevskien : « La notion de médiation iconique est fondamentale dans la recherche de la vérité... Les Pères de l'Eglise ne laissent-ils pas entendre que Jésus-Christ est non seulement Dieu, mais aussi, en tant qu'homme, une icône de Dieu ? Qu'un saint est une icône de Jésus-Christ et que, par conséquent, ce que nous appelons icône d'un saint est une icône d'icône d'icône d'icône, ce qui doit être philosophiquement rapproché de la notion de moyenne proportionnelle développée par Simone Weil ? »... « Il dicône de plus en plus », me glisse Xavier en pouffant de rire, Delgrave, depuis la tribune, nous découvre hilares, fronce le sourcil, se sent responsable, lui, comme une vraie icône, de l'avenir humain réuni...

J'habitais à l'Istituto Veneto dei scienze, lettere ed arti, Campo San Stefano, n° 2945, un grand palais jaune et gris aux volets verts. Qui peut bien être Felice Cavalotti, « soldato, legislatore, poeta », dont la stèle commémorative se trouve juste en face ? « In tempi servi, diede la spada alla liberta » ? Je n'en ai pas la moindre idée. Je crains que Lieou Ling, lui, n'ait jamais sa plaque nulle part : « Ciel et terre ne durent qu'un matin ; les dix mille temps, un seul instant »... Si mes souvenirs sont bons, il y a une boutique de fleurs à droite en sortant, à l'air libre. Sûrement pleine de lis... Certains juste cueillis... Vous en avez déjà vu des encore fermés ? Doux, *goussus,* un peu pâles ?

*

« Vous simplifiez toujours. »
Je repasse votre voix comme une bande magnéti-

que, ses changements, ses variations. Là, c'était bas, râpeux, revendicatif, indigné *en soi*. (Qu'est-ce que j'avais dit ? Ah oui, l'amour et la haine.) La voix qu'on dit caverneuse, écho gelé dans sa grotte, la voix stalactite ou stalagmite, au choix. D'autres fois, par exemple dans « Ma mère allait à Lourdes ! » (comble, pour vous, d'absurdité comique), vous montez droit dans l'aigu, de façon sirotante, précieuse. C'est votre voix, chaque fois, mais ce n'est plus votre voix, il s'agit du montage corps-voix qu'on peut surprendre, si on écoute bien, chez chacun.

Comme par hasard, saint Antoine de Padoue doit sa réputation à une levée de stérilité chez une femme noble de vingt-deux ans à qui il est apparu pour lui demander d'aller prier neuf mardis de suite (neuf) devant son autel. Dieu sait ce qui pouvait bien se passer le mardi, matin, soir ou après-midi, pour une jeune femme du dix-septième siècle un peu imaginative. Quoi qu'il en soit, le miracle est enregistré à Bologne en 1617. Mais il y a mieux : l'habituée des mardis tombe enceinte, soit, mais elle accouche... d'un monstre. Qu'à cela ne tienne : sa foi redouble, elle va déposer le bébé sur l'autel, et il devient sur-le-champ, dit la chronique, « un amorino di bellezza ». Un resplendissant *beloved baby* ! (Coup de chapeau, en passant, au franciscain qui a eu l'idée de la substitution des bébés à la sacristie.) Vous avez encore, dans le même dossier, quelques histoires de démoniaques (toujours des femmes), quelques résurrections d'enfants, bref l'essentiel : diable, naissances, morts — le culte est parti. Il tient toujours dans la ferveur populaire. Qu'est-ce qu'un saint ? Quelqu'un qui s'est correctement situé sur l'axe génération-corruption, un peu à côté, pas trop, hors du cercle : tout le monde disparaît, on parle encore de lui. Aujourd'hui, ce serait le contraire : n'importe quelle apparition aurait l'air plus réelle que la sienne. Ça revient au même. Sélection à l'envers. Une basse époque est-elle l'abîme, le vertige, le mensonge généralisé, la misère inconsciente, la nausée transie ? Mais non : un délice pur, au contraire. *Délice* : mot qui devient féminin au pluriel. Mots qui changent de sexe en abandonnant le singulier ? Amour, délice, orgue. Voilà le français, chère madame. Appréciez-moi cette fugue, cette *toccata*. La basse époque doit nous remplir d'ivresse, je vous assure, c'est une chance inouïe si l'on a le système nerveux bien accroché, néantisé et ressuscité. Si vous pouvez supporter, jour après jour, la récusation d'emblée non pas de vos idées, de vos goûts, de vos actions, mais de votre existence elle-même, là, sang, nerfs, tendons, moelle, tout va pour le mieux dans le pire des chaos et des aplatissements possibles. Il faut que la critique attaque non pas ce que vous dites, ni même la façon dont vous le dites, mais le fait que ce soit vous qui le disiez. Débrouillez-vous. C'est facile. Votre joie augmentera d'autant plus que vous verrez se condenser devant vos yeux la matière animée hostile, furieuse, soucieuse ; toujours plus rancuneuse, cauteleuse, vicieuse ; toujours plus dévalorisante a priori. A la fin, vous n'aurez plus qu'à esquisser un mouvement des lèvres — et ce sera aussitôt la clameur du *non*, le tollé. Niet ! Hated baby ! Ridicule ! Vous leur donneriez solennellement raison qu'ils vous donneraient encore tort. Tous contre un, voilà le seul vrai racisme, le reste n'est que bricolage tribal. Tous contre un, aux atomes, aux gènes, aux cellules. Si, même sans rien faire de spécial (voilà le test), vous ne déclenchez pas une malveillance et une mauvaise foi instantanées (quels que soient votre nom, votre race, votre origine sociale, votre apparence physique, vos qualités, vos défauts), vous êtes encore loin du but. Votre silence est infiniment coupable, on vous sait capable de tout. Vous, dégagé, hein, pas de blagues... Votre rôle est d'être celui qui ne comprend pas... Qui rassure, console, s'excuse, oublie, continue, paye, s'en va... Qui persiste à jouir, l'animal !

*

— Mais enfin le *pistil* est bien l'organe féminin ?
— Naturellement, tout le monde sait ça. Avec ovaires, style et stigmate. Tandis que les étamines mâles à pollen (quelle mine !) se divisent en anthère et filet. Ai-je dit autre chose ?
— « Le pistil, c'est l'homme. »
— Et alors ?
— On ne se gêne pas... Je vous signale, par ailleurs, que l'expression « les lis ne filent pas » renvoie, en France, à la loi salique, c'est-à-dire à l'exclusion des femmes du pouvoir royal.
— Les fleurs font délirer. Elles ont été choisies pour exprimer le trouble, la joie sans raison, l'oscillation, le malaise. Jeunes filles en fleurs, fleurs du mal, rose céleste ou absente de tout bouquet, orchidée ou trop grand glaïeul, blasons, déclarations, tapisseries, sceaux, tableaux, mariages, enterrements, baptêmes, vraies ou fausses politesses, on ne peut pas s'en passer. Vous porterez une alliance ?
— Difficile de faire autrement.
— Donc l'or. La colombe passe à travers le pistil, l'organe du Saint-Esprit est féminin, à moins d'imagi-

ner l'ange passant à l'action du bout du nez après avoir été un bourdon butinant son lis annonciateur. Personne ne semble s'en être avisé, c'est étrange. Enfin, peu importe, c'était un divertissement. Mais songez que les révolutionnaires, plutôt raisonnables au début, ont certainement eu envie, pour finir, de *faucher les lys*. C'était tentant.

— J'ai bien ri avec les « beloved babies ». J'ai d'abord cru que c'étaient de vrais enfants. Se faire enterrer avec ses chiens, quelle idée!

— Emouvant, non?

— Pathétique. Le surréalisme à l'américaine?

— Inflation de psychisme, dieux archaïques décomposés, fausses couches et coucouche-panier. Vous avez vu que l'Eglise anglicane envisage sérieusement le devenir-évêques des femmes? Mais pourquoi pas la confirmation des phoques? L'excision des baleines? La circoncision des pingouins?

— Vous êtes désespérant. J'ai rencontré au Danieli un grand poète sud-américain. Il a insisté sur le fait que Casanova manquait d'une dimension.

— Laquelle?

— Le sens de la mort.

— Ouf!

— Il était avec une jeune poétesse très sensible. Traductrice du *Bardo Thödol*. Vous l'avez connue au Centre, il paraît.

— Sylvaine Monnier? Elle a suivi mes cours pendant trois ans. Toujours dans la lune.

— Elle a dit beaucoup de bien de vous.

— Il vaudrait mieux qu'elle l'écrive dans votre journal.

— Mais je n'y peux rien, Simon, la critique est libre!

— Pardon, j'ai tort.
— Il me semble.

*

Un printemps, un automne. Deuxième printemps, deuxième été, avant d'arriver au deuxième et dernier automne. Trois semaines, et ce sera l'Assomption dans votre château. Quelles sont vos intentions ? Bien entendu, vous ne direz rien à l'avance. « Pas besoin de smoking », seule indication pour l'instant. Le reste de mes propositions ne provoque aucune allusion, j'ai parfois l'impression de n'avoir jamais rien dit, pas un mot de trop, pas une obscénité, pas la moindre lueur de *cent onze*. N'étaient les mensualités versées scrupuleusement par maître Retz, je croirais à un rêve éveillé, à une hallucination répétée. Il est dix heures et demie du soir, j'écris devant la fenêtre ouest, le ciel est encore déchiré par l'orage qui vient de cesser, lourds nuages bleu sombre laissant transparaître le bleu plus léger où meurt la lumière. J'ai presque mis Régine à la porte, tout à l'heure, qui venait s'offrir gentiment. « Vous ne voulez pas qu'on aille danser au *Bastion* ? Non ? Je peux venir vous montrer mes dessins demain ? Une autre fois ? Vous ne dormez pas toute la journée, *quand même* ? » (elle n'est pas mal, mais comment lui expliquer qu'on ne tient pas, si on commence, à recommencer ?).

Avez-vous *lu*, oui ou non : « Vous, tournant la tête, moi écartant délicatement vos fesses, découvrant votre truffe cachée, rétractile, rose et noire, votre lunule ou boutonnière de rêve, votre *pensée* bien ferme, votre volonté » ?

Il s'agit bien de votre cul, chérie, je mets les points

sur les i au cas où vous auriez sauté le passage en croyant à une élucubration poétique. Suis-je clair? Précis? Honnête? Assez ouvertement immonde? Puis-je compter sur vous là-dessus? J'espère que vous n'avez pas pour but de me faire faire, aller-retour, cinq cents kilomètres en Land Rover, pour un dîner aux chandelles où il sera question de l'air du temps, des difficultés du gouvernement, des rhumes de la Bourse, des remous du Proche-Orient ou de la nouvelle politique de Moscou? Si c'est indispensable à la mise en scène, bon, mais sachez que, pour l'essentiel, je reste le même, que je n'ai pas varié d'un millimètre sur mes détestables désirs. Vous m'en voudriez qu'il en fût autrement. Vous me mépriseriez d'avoir pris mon parti de la pesanteur du spectacle, de la fable du « renoncement », du grand sommeil en cours. Vous ne me payez pas pour que je cède, que je cesse de vous dire des énormités? Enfin, je vous laisse l'organisation de la fête — ou du désastre. Les cartes sont entre vos mains. Qu'est-ce que vous pouvez bien *mijoter* (quel beau mot! comme on voit exactement, à travers lui, la nature cloquée des mixtures cuites à petit feu dans les chaudrons des sorcières, vos sœurs, depuis la nuit des temps et pour toujours, sous de nouveaux masques, dans la nuit glissée dans le temps). Milady Merteuil ou Macbeth, bonjour. Je suis votre attentif secrétaire, prêt à enterrer dans le parc les pièces à conviction de vos amusements de poisons. Nous allons donc être tout prêt de Saché, avec le fantôme de Balzac? Lys dans la vallée, faux lys rouge d'Anatole France? Creux du pays calme? Crapauds dissimulés dans les mares? Vipères dans les prés? Etalon nerveux dans son box? Chapelle désaffectée et hantée? J'en frémis, ici, sous la lampe. Je pense à la robe que vous porterez (noir corbeau, noir abîme). « Le Destin charmé suit tes jupons comme un chien... », « Le terrible prodige de ta salive qui mord... » Baudelaire rimait avec Voltaire, la situation était d'autant plus difficile pour lui que son père était un prêtre défroqué pendant la Terreur. Devenu, le père, avec une manie de mauvais peintre, simple fonctionnaire... Fils de renégat! Rebut de curé! Les voies du démon sont très pénétrables. Imaginez maman, chaque fois qu'elle allait au lit, entrant dans les coulisses de soufre du presbytère... Soumise à une messe noire inconsciente... *Litanies de Satan*... Il a été conçu sacramentellement, Baudelaire, pas de doute... Une vraie fleur du mal, un vrai lys noir. D'où le dernier mot de son aphasie : « Crénom ! » Peut-être le juron de son papa au moment physique de la consécration sacrilège ? Et la tombe du trouble et déchu marquis, votre père ? Pardon, pardon, la fièvre m'a de nouveau repris, c'est ma solide Irlandaise, là, dans le mur, qui tourne son brouet de l'autre côté des ombres...

*

L'autre soir, le treize juillet, vers onze heures, les feux d'artifices ont commencé presque partout en même temps sur la côte. Chaque village a le sien. L'horizon en est constellé, bouquets roses, blancs, verts, mauves, bleus, rouges, arrosoirs célestes, grenades explosant au-dessus de l'eau. On célèbre l'esprit de révolution que vous aimez tant quand vous le constatez à l'étranger, marquise, de préférence sous des noms russes que vous trouvez sans doute plus romantiques, plus vrais. En a-t-on guillotiné un certain nombre dans votre arbre généalogique ? C'est probable. Ça n'a l'air de vous faire ni chaud ni froid. Quelques Laume tranchés par-ci par-là... Souvenir pour votre grand-mère, estompé chez votre mère et vos tantes, complètement effacé chez vous, alors que votre beau-père, en vrai snob milliardaire, attache une grande importance à tout le « saint-frusquin » (c'est votre expression). Vous l'appelez toujours « le Mexicain », celui-là. « Ma mère et son Mexicain sont à Monaco comme tous les ans », « il faut que je demande à Marguerite de secouer les puces de son Mexicain » (encore une histoire de toitures). Le silence sur son nom signale la mésalliance, la honte qui frappe les inavouables trafics. Marguerite s'est sacrifiée, après tout, c'était son rôle (« elle allait à Lourdes ! »). L'existence de votre petit frère disparu ne semble pas avoir non plus laissé de trace (mais, j'y pense, la trace, c'est peut-être moi). Quant à votre fiancé, j'attends la publication du mariage pour savoir son nom et ses titres (« ces trucs n'ont aucun intérêt, Simon, être en vie est déjà assez embêtant comme ça »).

J'ai reçu le plan d'accès au château, autoroute, petites routes, embranchements, villages, on tourne, on tourne encore, un chemin, et c'est là. Vous avez mis un point rouge et signé seulement *R*.

*

Il fait tellement beau, ce matin, que j'ai mis ma barque à l'eau. Je rame pendant une heure, je m'allonge, je laisse filer le courant. Depuis la fenêtre est, je ne dois plus être qu'une tache blanche emportée dans le bleu global. Plus de terre. Vous devriez me voir en train d'écouter mon transistor calé sur le siège arrière, *L'Art de la fugue* (je n'invente rien), balancier, contrepoint de l'air et de l'océan, mélange de chiffres, aveuglement de soleil. Qu'avez-vous fait aujourd'hui? Rien, j'ai dérivé. Je me redresse, j'aperçois la maison au loin, je pense au type, là-bas, qui reprendra tout à l'heure son transfert de syllabes. Entre les deux positions, éternelle, impassible, il y a la Voie. « Se développant en fibres innombrables, elle dure toujours, son activité ne s'épuise jamais. » C'est mieux dit avec les caractères chinois déliés, gardant l'empreinte du poignet et du souffle, rentrant les uns dans les autres comme les mailles d'un filet vite dissous jeté sur le vide (quand je rêve en chinois, tout est vertical, de haut en bas et de droite à gauche). Je vous toucherais mieux, de loin, avec un pinceau. Hier, vers minuit, j'ai quand même mis le son de la télévision : il y en avait trois, de Chinois, un homme et deux femmes, jouant le triple concerto pour piano, violon et violoncelle de Beethoven. Le type dirigeait l'orchestre américain depuis son clavier, une violoniste, Reine, une violoncelliste comme je n'en ai jamais vu, juste au-dessus des cordes, instruments flottants, jonquilles... Ils y croyaient de tout leur système nerveux, la partition venait d'être écrite pour eux, encore à peine sèche, l'orchestre des longs nez (vous et moi) était bien obligé de suivre, poum-poum, de patauger un peu derrière ces trois roseaux électriques... Jeune Beethoven, soudain, bondissant, acrobatique, asiatique, infiltrations, dégagements, offensives et contre-offensives, ponts suspendus, pistes, jonctions, sabres, couteaux... Visage plat de la violoniste, plus chevalin de la violoncelliste, poupin du pianiste... Je n'ai pas eu le temps de noter leurs noms.

Dans la nuit bien noire, un satellite, dimension

d'étoile, file d'ouest en est comme une bille brillante chargée à l'intérieur de sons et d'images pour la plupart idiots. C'est notre cerveau.

*

— C'est amusant que vous veniez ici pour l'Assomption, non ?
— Très.
(Il faut bien vous reconnaître le sens de l'humour.)
— Pour qu'il y ait Assomption, dis-je, il faut qu'il y ait eu Annonciation.
— Je croyais que c'était le cas ?
(De plus en plus fort.)
— Vous êtes enceinte ?
— Pas du tout. On ne se déplace pas dans une dimension symbolique ?
En effet, en effet... Jusqu'à quel point, c'est à vous de le dire... Je ne fais rien sans votre accord, cela est entendu. Comme Annonciation, je vous recommande celle de Signorelli, à Périgueux. On ne fait pas mieux dans le genre dévoilement du petit théâtre cosmique à fantasmes. Grande salle à ciel ouvert, dallée en losanges, perspective ouverte dans le fond (arbres bien pointus, des ifs). La Vierge est légèrement surélevée sur une estrade basse, radeau plutôt que scène, elle est coincée entre un fauteuil hiératique et un lutrin, agenouillée, les bras repliés sur la poitrine, dans la position traditionnelle du consentement. Le pigeon voyageur est lancé à toute allure par Dieu le père qui apparaît au-dessus du mur, vers les ifs, il a projeté ou plutôt laissé aller l'oiseau des deux mains, lequel fond avec son sillage de rayons d'or sur sa cible concentrée, nocturne. Il est peint juste au-dessus du

lutrin curieusement renflé, l'oiseau. La tablette doit supporter la partition écrite de la pièce que la Vierge, les yeux baissés, en état cataleptique, était en train de lire juste avant l'irruption codée. Pour l'ange, pas de problème : il entre par la gauche, ailes bien découpées dans l'embrasure de la porte, robe ou paréo tourbillonnant de replis, il tend droit son index de la main droite (comme s'il donnait un coup de pouce à la colombe vibrante, au missile, à l'exocet programmé pour atteindre de plein fouet, sans bruit et sans explosion, l'avion cargo de tous les espoirs), sa main gauche tient dressé, comme on l'attend, le lys fabuleux (une des fleurs ouverte, une entrouverte, la troisième en préparation, fermée). Tout est en place pour fonctionner. Vous pouvez regarder le montage indéfiniment et vous le parler toujours de nouveau, c'est l'avantage de ce genre de mandala céleste, plus noué, plus efficace et, il faut l'avouer, plus profond, dans sa simplicité, que tous les trucs indiens et tibétains. Avis de spécialiste. Ce petit Luca Signorelli, à Périgueux, personne ne le regarde vraiment... Billard théologique... On pourrait risquer l'interprétation suivante : *plutôt engendrer que lire jusqu'au bout.* Interprétation raisonnable, il me semble. Je dirai même qu'elle saute aux yeux. Vous me demanderez ce que serait « lire jusqu'au bout » ? Ah, voilà. Si je pouvais vous le dire exactement et, vous, le comprendre, nous ne serions pas en train de jouer aux symboles, chérie. D'autant plus que rien n'est variable comme le « jusqu'au bout ». On peut l'identifier trop vite. Ou jamais. Se tromper de bout. Mal brûler la chandelle. S'user les yeux au déchiffrement. Mieux vaut remettre sans cesse à plus tard, inventer une nouvelle courbe, changer de décor. C'est tout le roman humain, madame ! Pigeon vole ! Tel est pris qui croyait prendre ! Photo !

N'empêche que les peintres occidentaux en ont mis un coup, ils avaient leurs raisons sérieuses. Domestiques, étatiques, épileptiques. Peu de chose à voir avec les préoccupations de mes *tseu*, « porte de la femelle obscure », « l'esprit de la vallée ne meurt pas »... *P'in*, c'est la fente, la vallée, opposée à *mou*, le mâle, la montagne. Drôle, non ? *P'in* est aussi le trou de serrure... « Connais-toi coq, préfère-toi poule »... « Si le ciel subsiste longtemps, si la terre est durable, c'est qu'ils ne se reproduisent pas... » Il y a d'ailleurs peut-être une équivalence secrète entre ne pas se reproduire et ne pas arrêter de le faire... En ce sens, l'Annonciation et le reste auraient eu lieu une fois et n'en finiraient pas d'avoir lieu à chaque instant... Enfin, arrêtons, cette affaire finirait par nous donner la migraine. Manège. Cela dit, une fois que vous avez l'Annonciation, vous êtes obligé, en bonne logique, de pousser jusqu'à l'Assomption. Renvoi d'ascenseur. Si ça descend de l'impalpable pour faire le poids, il faut bien que le poids remonte et aussi la balance. Sinon, absurdité du système. Poulie et leviers. Tout ou rien. Vous voyez le théâtre entier ? Evidemment, le point de vue de l'ange nous manque... Son arrière-pensée, à supposer qu'il puisse en avoir une, au lieu d'être, à perte de vue, un simple facteur... Et pourquoi ne penserait-il pas quelque chose, *à la longue* ?

*

Cette nuit, Reine, j'ai rêvé de la violoncelliste chinoise et, bien entendu, c'était vous. Vous et Leslie, soyons juste. Elle se mettait à m'embrasser carrément, je la prenais sur le lit, elle se branlait en même temps sous moi pour activer son plaisir, je comprends pourquoi son jeu m'a frappé, l'expression du visage, ses yeux dans le coup d'archet. J'ai joui en rêve, étreinte d'incube, de succube, venant se matérialiser contre moi. Aucune objection, c'est très bon. Le matin n'a pas la même couleur. J'ai ouvert mes volets à six heures, montée du jour dans le gris, ciel de marbre, j'avais encore ma bouche dans celle de la Chinoise, je vous en fais cadeau volontiers, c'est une excellente soliste dont je n'ai pas honte d'avoir usé. Sur le petit lac, devant moi, qui communique avec l'océan par une écluse où les poissons sautent, un héron est venu se poser avec componction. Un héron au long bec emmanché d'un long cou. Tout blanc. Merveilleusement à l'aise. Je l'ai regardé longtemps pêcher dans l'eau calme. Il a fini par s'envoler, gouaché d'air.

Où passe le sperme quand on a un spasme comme ça, dans le sommeil rusé qui consiste à bien garder la sensation pour ne pas s'éveiller ? Il s'élimine plus tard dans l'urine. Vous savez qu'il y a un tas de procédés orientaux dans ce sens : rétention, inversion des circuits, reversement en soi de la fleur nerveuse. Non, non, pas de « pollution nocturne ». Pas de traces. Lévitation en dedans. Utile, comme dans la drogue, pour savoir ce qu'on pense. C'est bien ça ? Et comment. Pas de doute ? Aucun. Vous vous feriez brûler plutôt que de nier l'évidence ? Oui. Peut-être y a-t-il là, chérie, une sorte de *bout du bout*?

— Simon, j'ai quelques idées pour votre séjour.
— Qui dure combien ?
— Voulez-vous du treize au soir au dix-sept ?
— Parfait.

« Quelques idées » ? Réplique à la cent onze ? C'est

votre droit. Vous ne voulez pas m'en parler? Programme communiqué sur place? Vous êtes sûre de mon accord? *Le Lys d'Or, roman policier.* Chapitres : *Madame de Clèves s'abandonne. Aventures en Touraine. Le retour de Merteuil. Sévigné sans voiles. Pompadour en creux, Oriane s'emballe.* On n'a que l'embarras du choix pour les illustrations, les gravures. Pour le style, gardons Sévigné : « Je suis effrayée comme la vie passe... Je regardais une pendule, et prenais plaisir à penser : voilà comme on est quand on souhaite que cette aiguille marche. Et cependant elle tourne sans qu'on la voie, et tout arrive. » Coup droit, revers croisé, volée amortie. Superbe joueuse. Vous n'êtes pas mal non plus dans la vie.

Leslie m'a appelé de New York. Il faut croire que les rêves voyagent. Elle avait fait l'amour avec moi dans la nuit. Je n'ai pas demandé de détails, mari vite expédié, puis compensation normale. En réalité, je ne pense qu'à vous et à vos « idées ». Je regarde ma montre et prends plaisir à penser : voilà comme on est quand on souhaite que cette aiguille marche.

*

Régine est fâchée. Je l'ai revue sur la plage. Elle était couchée, nue, seule, un exemplaire de *Vibration* sur la tête pour se protéger du soleil. Elle m'a très bien vu m'asseoir. Elle a commencé à bouger les jambes de-ci de-là, comme s'il y avait eu des moustiques, des mouches ou des puces de mer. Elle a passé six ou sept fois ses mains sur ses seins comme elle a dû le voir faire aux femmes-femmes à crèmes, là-bas, du côté où il y a des touristes. Elle a pris du sable pour le laisser couler entre ses doigts. Elle s'est encore un peu tâtée, toujours dans la pensée « mon corps et moi dans le film ». Deux regards vers moi pour s'assurer que je la regardais. L'air de dire : je ne vous ai pas vu, je ne vous verrai jamais, je vous montre mes seins, je ne saurais vous voir. Vous me voyez bien, au moins ? Vous vous rendez compte à quel point je suis nécessaire, suffisante, détendue, ensoleillée, délectable ? Pauvre type, vous ne savez pas ce que vous perdez. Le pauvre type s'est mis à nager devant elle. Comme il n'y avait que nous et une barque de pêcheurs au loin, il fallait bien que l'un des deux fût venu pour l'autre. Dégoûtée, elle a pris ses affaires et elle est partie. Depuis l'eau, je l'ai vue monter sur son vélomoteur, disparaître. Elle avait laissé son journal dans le sable, *votre* journal, Reine, cela m'a permis de lire le courrier des lecteurs... Stéphanie, de Paris, raconte son avortement : « Un G-Test posé sur une commode, un verdict sans appel : enceinte. D'abord, culpabilité : des contraceptifs locaux utilisés scrupuleusement, et le désir inconscient ? »... Une autre correspondante parle des préservatifs : « Ce capuchon, quoique servant l'illusion de réel (couleur chair, il finirait par se faire oublier), ne me répugne pas assez pour que j'en discerne l'affinité avec le désir. » Qu'en termes galants ces choses-là sont dites. Une autre : « J'ai vécu en Afrique noire, et, là-bas, l'impact du sida est infernal. J'ai honte de mes problèmes d'Européenne. » Enfin, un correspondant qui signe « Un jeune homme sous influence » décrit sa semaine amoureuse : « *Mercredi* : Eric rencontré à l'aube dans un bar près des chiottes. Trop actif, trop passif. A quoi jouons-nous ? »

C'est un jour comme un autre, un numéro comme un autre. Je me demande ce que vous pensez en lisant distraitement ces témoignages authentiques, tout en prenant votre petit déjeuner, fenêtres ouvertes sur le parc Monceau, thé, brioches, pamplemousse. Dans votre château, encore mieux. Vous sentez, vous comprenez, vous plaignez? Mais oui, comme tout le monde. Masses désolées freudiennes. Misère et préciosité. Quel progrès fulgurant depuis le *Voyage au bout de la nuit*! La misère avec honte de soi, culpabilité, désir inconscient, illusion de réel et mélancolie près des chiottes, c'est quand même autre chose que la banlieue des années vingt, trente, quarante. « L'ère des joies vivantes, des grandes harmonies indéniables, physiologiques, comparatives, est encore à venir... » On attend toujours.

Le beau temps enchaîne le temps comme des lentilles de contact ramenant obstinément le même tableau transparent. Le soir : horizon de rouille, bande lie-de-vin puissante. Matin : léger vent d'ouest, exaltation de l'eau et de l'herbe. Résumé de jade. « La Voie est l'angle sud-ouest de la maison. » Les canards sauvages et les mouettes sont là quand je pousse les volets mais, une fois sur deux, j'oublie de les fermer, j'ouvre les yeux dans le jour complet, la maison est traversée d'un seul coup par le paysage (vous avez vu ces maisons en Hollande). D'un bon poème, en chinois, on dit que c'est un ciel sans couture. L'évidence, le souffle tracé, la pièce de tissu d'un seul tenant, couvrant et découvrant la présence. Mot *juillet* bien écrit. Adresse de Sans-souci. Squelettes non pathétiques du dix-huitième. Vous, future morte irréfutable et gracieuse. Et, de là, style pensif : « Il ne fait rien, donc il n'abîme rien ; il ne retient rien, donc il ne perd rien. »

*

— Quelques idées... Pour s'amuser.
(Vous enterrez votre vie de garçon?)
— Je peux tout vous dire, Simon?
— Vous savez bien.
— Voilà... Nous serons seuls...
(Splendeur!)
— ... vous serez à ma disposition...
(Chaque seconde!)
— ... on pourra jouer...
(Cache-cache? Colin-maillard?)
— ... j'aimerais que l'emploi du temps soit réglé...
(Mais oui! Très tenu!)
— ... enfin, vous me laissez faire?
Tout ce que vous voulez, marquise! Je suis à vous! Nègre, valet, moine détourné, chauffeur, jardinier, confesseur, marionnette, organe! Ne nous ménagez pas! Faites-nous courir! Masques, bergamasques, feux d'artifices au château!
— Je ne vous cache pas que j'aimerais être...
(Oui? Quoi encore?)
— ... assez ignoble.
(Te Deum!)
A quoi j'ai dû répondre, le plus légèrement possible :
— Vous ne le serez jamais assez pour mon goût.
Ou quelque chose dans ce genre.
Assez ignoble : Sésame, ouvre-toi ; Sésame, mon âme est à toi. Votre voix était basse, un peu éraillée, basculée dans le bon tunnel. Enfin. Le temps passe partout, arrange tout, ronge tout, dénoue tout, triomphe de tout. La *cent onze* revient au carré, que dis-je, au cube. A la puissance dix. Cent. Cent onze!

Rien n'était moins sûr. Ou plutôt si. Accumulation quantitative, saut qualitatif. L'eau bout, la glace prend forme. La chimie a ses lois comme le vice. Lequel est la vertu suprême, dans certaines conditions, s'entend. L'acte accompli par X n'a aucun rapport avec le même acte accompli par Y. La morsure en voiture est insignifiante pour Y. Elle est capitale, et d'une obscénité ravageante, pour X. Pas de généralités en amour, vous pouvez dire ça à votre psy de ma part. Les mots « assez ignoble » prononcés par vous sont les plus choquants que l'on puisse imaginer. Vous avez ajouté : « J'ai envie de faire des choses *pas bien du tout.* » A ce moment-là, dans « pas bien du tout », il faut entendre « de vraies saloperies ». Mais votre « assez ignoble », votre « pas bien du tout », ont un avantage : les saloperies envisagées, au lieu d'être classées et clichées à l'avance, au lieu d'être des choses qui se font *comme* des saloperies, vont être *vraiment* des saloperies. Pour cela, la substance contraire est nécessaire : réserve, gêne, rougeur, pudeur. Vous n'êtes pas américaine, chère Madame de L ; pas télévision pour deux sous...

Nous sommes donc au moment où le texte va prendre corps, où le verbe va se faire chair ? Où la monnaie va devenir palpable, physique ? S'incarner ? Pendant quatre nuits et trois jours ? Quand commence-t-on ? Le premier soir ? Le deuxième ? Le matin du quatorze ? Dans l'après-midi du seize, la veille de mon départ ? N'hésitez pas à brusquer le déroulement.

J'arrive le treize à huit heures. Vous me montrez ma chambre. Je prends une douche, je m'habille le plus correctement que je peux (où est passée cette cravate ?), je descends, nous buvons un verre ou deux dans la bibliothèque, feu de bois, canapé profond, on dîne, on continue un peu au champagne. « Vous devez être fatigué ? — Mais non, pas du tout. » On monte, vous entrez chez moi...

Les sujets de conversation ? C'est à vous de les trouver, après tout. Questionnez-moi sur Lao-tseu, je ne sais pas, moi ; sur l'histoire religieuse en général. Je veux bien vous expliquer de près en quoi et pourquoi, traité comme il convient, le catholicisme romain favorise une fois sur un million les imaginations fortes comme la vôtre. Enfin, on se débrouillera. Quant aux actes ignobles, je vous ai prévenue, j'aimerais qu'on commence par celui-là devant votre glace habituelle. Le reste suivra.

J'ai fermé les rideaux en plein jour pour écrire ces lignes. Je baigne dans une lumière rouge, je reviens de ma cabane, il est trois heures de l'après-midi, le moment de dormir un peu. Je me demande s'il y a, en ce moment, sur cette planète, deux personnages aussi fous ensemble que nous. C'est possible. Bonne chance. En quelle langue ? Nous avons pris le français, suivons-le. Qui nous expliquera pourquoi, alors que tout se fait à chaque instant partout, en tous sens, c'est en français que les précisions s'écrivent ? Je veux dire, pour reprendre votre expression, « les choses pas bien du tout » ? Est-ce que, dans votre bibliothèque, derrière Bossuet, Fénelon, *L'Encyclopédie*, Maistre, Chateaubriand et peut-être un Colette caché par votre grand-mère, il y a aussi le Marquis ? Vous venez de l'ajouter ? Pas possible ? de Tsvetaïeva à Sade, quel chemin parcouru ! Quel retour spectaculaire et inattendu sur vos origines ! Sur les vraies, les épouvantables, celles qu'on vous a si obstinément dissimulées à l'intérieur comme à l'extérieur !

*

Le treize, tout était bleu calme, j'ai fermé la maison en regardant la prairie des mouettes, grains ou plutôt grêlons de sel coagulés sur l'eau. J'ai posé la carte et votre petit plan à côté de moi, dans la Land Rover, et en route. Si on voyage dans la campagne, ce pays est constamment nouveau et le même, compliqué, travaillé, ancien et charmant. On pourrait y disparaître cent fois dans chaque village. Ce sont de grosses gouttes de temps immobile, le marché, l'église, les platanes, les fermes — et tout recommence, bois, prés, blé, vaches, vignes, tournesols, maïs, chemins, vert sur vert. La lumière était si nette que chaque parcelle d'espace paraissait être l'élément d'un puzzle enfantin. Que d'endroits riants, dirait le voyageur, quelle impression partout répandue de tranquillité opulente, de paresse spontanée, de nourriture prête et donnée. C'est bien la région des contes et des fables, Chat Botté, Perrette et le pot au lait. J'avançais là-dedans presque seul. Je me suis perdu deux fois, demi-tours, boucles. Cinquante à l'heure. Enfin, LAUME, *château, deux kilomètres*. Sept heures, trop tôt pour arriver. J'ai été fumer une cigarette dans une clairière. Huit heures dans la grande allée comme je la voyais (elle est simplement plus longue), chevaux en liberté sur la droite, soleil couchant dans les fenêtres à petits carreaux.

J'ai garé la voiture près d'une Austin et d'une Mercedes (il y a des invités ?), vous étiez assise sur la terrasse avec un homme et une femme, vous m'avez vu de loin, vous êtes venue très vite de façon à m'entraîner par-derrière, vous étiez en tenue de cheval, vous m'avez embrassé sur les deux joues, et voilà.

— Il y a deux amis, mais ils s'en vont tout de suite.

La vieille domestique classique m'a montré ma chambre (vue sur le parc), acacias dans la fenêtre de la salle de bains immense (c'est ça, les châteaux : des salles de bains comme des salons), j'ai posé mon sac, et quand je suis redescendu, tout le monde avait disparu.

A présent, je pense que le mieux est de raconter les faits. Ils paraîtront incroyables, mais c'est ainsi.

Pendant le dîner, d'une voix très calme, sans rire (et en riant quand même un peu dans les yeux), vous me demandez si j'ai bien conscience d'être un objet d'expérience. Je vous dis que oui, que c'est entendu, que nous avons suffisamment perdu de temps comme cela, on commencera quand vous voudrez. Vous vous êtes changée, vous portez une simple robe de coton noir, il est évident que vous êtes nue dessous, on prend le café sur la terrasse, on finit la dernière bouteille de champagne, la conversation est impossible, on monte. C'est vous qui allez devant la glace de votre chambre.

A partir de là, c'est l'autre côté du miroir. Je vous regarde comme j'ai dit, sans un mot. On ne fait rien d'autre.

Du moins, pas tout de suite.

« Allez dans votre chambre, je viens. »

Vingt minutes après (minuit et demi) vous arrivez doucement. Long baiser (sans morsure) debout, près de la porte. Vous vous laissez caresser, vous me demandez de vous faire l'amour sur le lit, passivité totale de votre part, j'arrête.

Je vous dis, une fois de plus, qu'on ne fera que ce que vous voudrez. Vous souriez, vous vous levez, vous sortez. Vous revenez avec votre badine à la main. Vous vous asseyez sur le bord du lit, nue, vous écartez les jambes, « Simon, donnez-moi ça ». Vous redites la phrase rapidement pendant que je jouis. Je sens que *vous m'écoutez*.

« Bonne nuit », baiser rapide sur le front, vous disparaissez.

*

Le lendemain, à neuf heures, plateau du petit déjeuner dans ma chambre (toujours la paysanne d'une cinquantaine d'années, « Monsieur a bien dormi ? — Merci »).

Il y a un mot de vous, sous enveloppe, contre la cafetière d'argent, à côté de *Vibration* : « Je vous attends dans la bibliothèque à onze heures. »

Je prends un bain, je vais marcher dans le parc.

Je rentre, je demande où est la bibliothèque à la femme de chambre. Vous êtes là en train de lire ou de faire semblant. Vous vous levez, vous m'embrassez tendrement sur la joue, vous me faites visiter le château, les jardins qui descendent en gradins vers la Loire, « c'est le style de Menars, vous savez, Marigny, le frère de la Pompadour ». Vous me montrez la chapelle désaffectée, la serre, les chevaux, « voici Olympe et voici Dieu, l'étalon, je ne vous avais pas parlé de *Dieu* ? Ah, mais il est important, il règne ». Vous riez, vous avez l'air de très bonne humeur, vous me prenez de temps en temps par la main. Nous montons sur les toits : le paysage est touffu, frais, vert jusqu'au vertige, les jardins se déploient comme un grand damier ponctué de vasques, de statues, « évidemment ce n'est pas Menars (ce Menars vous tracasse), mais on s'en contente ; comment, vous ne connaissez pas Villandry, le jardin d'ornement ? Les quatre carrés d'amour : l'amour volage, l'amour tragique, l'amour tendre et l'amour folie ? Mais, mon cher, ce pays vous échappe ! ».

Aucun rapport entre votre voix de visite et celle de « donnez-moi ça ». Je pourrais avoir rêvé que la situation ne serait pas plus étrange. Nous sommes arrivés d'emblée à la division, c'est la clé.

Vous tirez les rideaux de ma chambre, on s'allonge dans la pénombre. Je vous embrasse et vous m'embrassez (morsures). Je n'insiste pas.

Vous regrettez sans doute de m'avoir invité, la chose a eu lieu mais rien n'a eu lieu, c'était prévisible et inévitable, il vaut mieux que je parte le plus vite possible, vous venez de me le dire sans le dire, « je crois que je vais vous quitter », vous ne répondez pas, on se lève, j'ouvre les rideaux, vous sortez de la chambre, je range mes affaires, baiser en bas sur les joues, je pars. Nous sommes le quatorze à une heure de l'après-midi. Je ne serai pas pour l'Assomption au château. N'est-ce pas mieux ainsi ? Je pense à « Dieu » dans son box. Lui non plus ne doit pas se faire beaucoup d'illusions. « Donne ça. » Le reste est course et silence.

Je m'arrête cinquante kilomètres plus loin pour manger un sandwich et boire un café. Peu importe le nom du village. Il y a un très beau monument aux morts.

Une fois, c'est une fois. Pour toutes. La répétition est moins qu'une fois.

Vous aurez pu faire ce que vous pensez au moins une fois.

Si vous étiez allée jusqu'au bout de votre « pas bien

du tout », vous m'auriez, avant le « donnez-moi ça », payé en espèces (c'est le cas de le dire). Je ne saurai jamais ce que vous aviez imaginé plus ou moins précisément pour la suite. La chapelle avec mantille et missel? Une séance à l'écurie, près de « Dieu »? Des rencontres organisées dans le parc? Au clair de lune? L'après-midi, dans les buissons ou les fleurs? Je revois l'embranchement de la petite route, la pancarte blanche aux lettres bleues, Laume, *Ch^{eau}, 2 km*, la campagne déserte, un tracteur rouge abandonné dans les champs. Que se passe-t-il là au mois d'août? Rien.

Je suis rentré ici vers six heures du soir. Marée haute, bleu à peine poussé par le vent du nord. Monsieur et madame canards sauvages, très famille, suivis de leurs quatre enfants. A côté les mouettes corsaires et célibataires. J'ai ouvert une bouteille de vin blanc glacé à votre santé. Vous en aurez besoin, de santé, chérie, pour le reste de vie qui s'annonce, la vie du petit temps, pas à pas. Jusqu'à la torsion, la même pour tous, grimace dont personne ne revient, glissant à chacun et chacune son « donnez-moi ça » terminal. Gratuite, fidèle, vraie propriétaire du château, fantôme d'Olympe, la nuit, sous les arbres...

*

Eh bien, à la réflexion, c'était aussi réussi que possible. Raté dans les grandes largeurs, mais justement. Une sorte de chef-d'œuvre. Vous n'avez pas su attendre, Reine, il aurait fallu se dérober, creuser les préliminaires, me révéler le « donnez-moi ça » badin le quinze au matin. A propos, comment vous êtes-vous sentie, ce fameux quinze (c'était hier)? Moi, très bien. Je n'ai rien fait de la journée, je me suis allongé un peu partout, sur l'herbe, dans l'eau, sur le sable, sur ma natte violette, dans la cabane, sur le lit, et de nouveau dans l'eau, et même sur le gravier, le soir, pour regarder les étoiles. J'ai essayé de prendre le point de vue des fleurs, une à une, puis par brassées, jusqu'à l'étourdissement et à la nausée. L'amour n'est ni de près ni de loin, mais dans les interstices, les blancs, les lacunes, de l'autre côté de la présence et de l'absence. Vous vous rappelez peut-être que je vous avais proposé de *m'interrompre* en pleine action avec une femme pour vérifier le « par-delà » de mon désir pour vous ? Difficile à réaliser dans la réalité, mais vous sentez que c'est très pensable ? Nous avons joué une relance. Un marquage, un cloutage. On appellera ça « le treize au soir » ou « le treize ». Peu importe que tout soit allé plus vite que prévu, que vous ayez été dépassée par les événements, que vous ayez abattu trop vite vos cartes, votre atout majeur. C'est mieux pour finir. La badine, quelle idée géniale ! Very bad. Je vous vois d'ici, effleurant de la pointe de cuir tressé les dessous de *Dieu*... Son sac ballottant brun d'entrecuisse où se rétracte la tige-tronc, le bâton, la branche à crise magique... Vous dessinez, vous soulevez, vous enfoncez, vous donnez quelques coups légers... L'air, à ce moment-là, est autre chose que l'air, avouez... Même jeu sur la croupe et les flancs d'Olympe... Bonne promenade, le quinze au matin ? Jusqu'au fleuve, et retour ? Bonnes nouvelles de votre fiancé, depuis son séjour en famille ? De votre mère et du Mexicain depuis Monaco ? Visite des voisins qui viennent vous voir parce que vous faites partie (le château plus que vous) des monuments de l'endroit ? Thé, jus d'orange, porto ou whisky sous les arbres ? Cacahuètes et gâteaux secs ? Minces tranches de saucisson ou petites saucisses chaudes ? Galette maison ? Grosse galette ? Morceaux de gruyère ? Dire que nous n'avons même pas eu le temps de bien faire le tour des étages, des chambres, de descendre à la cave, d'explorer les greniers, de regarder cruellement les portraits, les tapisseries, les vieux papiers, les reliures... Manie d'aller à l'essentiel... Marquise ! Voyons ! En une seule fois !... N'aurait-il pas fallu tout de même faire une autre prise ? *Assurer,* comme disent les cinéastes et les photographes ? Comme vous êtes ! Quel caractère ! Banco !

La chaleur est là, les mouettes s'économisent, le jardin retient son souffle, les fleurs se concentrent sur les souvenirs d'eau. Marie et Paul s'ennuient à Jérusalem (« Bob Winner ! J'ai vu le Saint-Sépulcre ! C'est tout sombre ! »), Leslie fait du bateau à Venise (« C'est divin, honey, vous me manquez ! Est-ce que vous êtes bien bronzé ? Partout ? Avec goût de sel ? I eat you ! All ! »). Je viens de recevoir le programme du Centre pour la rentrée, *Simon Rouvray, Recherches taoïstes,* petit mot gentil de Marthe, ce qui veut dire (le mot) que Delgrave ne va pas mieux, qu'il est encore plus gâteux que d'habitude, et qu'il a simplement, quand il va mieux, conscience de son gâtisme, ce qui n'est pas mieux. Aucune nouvelle de Xavier (la « petite salope » doit être devenue imbattable sur les gnostiques). Tania prépare son départ pour Pékin (carte postale de vase Ming). Odile a disparu, comme chaque année, en Gironde.

Mon Irlandaise a chaud, elle aussi, ou du moins j'imagine ce qu'elle pouvait ressentir dans les terribles vêtements d'époque. Incroyable ce qu'on les aura surchargées, harnachées, bouclées, corsetées, tuyautées, ballonnées, emmagasinées, les femmes. Quel drôle de délire à travers le temps. Vous vous voyez il y a un siècle ? Et même il y a cinquante ou trente ans ? La seule chose qui n'a pas changé et qui ne changera jamais, c'est la coulisse secrète... Votre arrière-grand-mère ou encore votre grand-mère à cheval (non, pas votre mère, impossible), qui sait si, le soir... Passions sèches... Chevauchées sur place... Tradition cravache... Il faut bien que vous ayez de qui tenir, comme on dit. Qui a pu être le Simon de l'époque ? Le *visiteur* ? D'où venons-nous, Reine ? Qui sommes-nous ? De quoi jouissons-nous ? Coordonnez-moi ça, si vous en êtes capable...

*

J'ai regardé et touché votre cul (vous avez remarqué comme j'ai évité de vous chuchoter : « j'ai mon mot à dire ») ; j'ai regardé et touché votre pistil mouillé ; je suis entré en vous, madame la Marquise ; je vous ai donné mon foutre (mot que vous ne pourriez pas prononcer, sauf avec le temps, peut-être, mais j'aime autant que vous disiez « ça », le mot est plus juste, la syllabe plus frappante et plus englobante, oui, c'est bien de ça qu'il s'agit). Je devrais être satisfait, calmé ? Je le suis. Vous vouliez vérifier si cela pouvait me suffire ? Allons donc. Vous savez bien que non. Cosa mentale. J'ai failli reprendre la voiture, rouler de nuit, débouler au château sans prévenir, monter à pas de loup jusqu'à votre chambre, vous violer sans bruit, vous l'auriez accepté, peut-être même vous attendiez-vous à ce que je le fisse (voilà un bel imparfait du subjonctif, les puristes se plaignent de sa disparition, le revoici en bonne posture il me semble). *Que je le fisse...* J'aurais dû ? Oui et non. Trop vieux, fatigue.

Trop vieux ? Pas exactement. Pas assez croyant. Vous avez bien raison de faire comme toutes les femmes, de vous replier sur celui qui y croit encore, une fois qu'on a déniché cet oiseau rare, il ne faut plus le lâcher. Nous sommes deux athées complets, voilà, cher monstre. *Et alors ?* (sous-titrage de la séquence cent onze ; même sous-titrage, au fond, pour « l'amour au château »). Naturellement, une femme (« vous simplifiez toujours ») peut toujours y croire autant que son partenaire, c'est du roulement à billes ou du diapason, le reste est raccordage ou modulation. « C'est à vous de donner le *la* ! De tenir la note ! Eh oui, mais comment faire *si on n'y croit pas ?* » Mais la force du désir ! Spontané ! Inné ! Déferlant ! Toujours excusable ! « Oui, oui, *Dieu* lui-même ! Mais alors, vous êtes *impuissant ?* » Ah, nous y voici, la puissance et la gloire, encore l'étalon à l'horizon, étalon de chèques, entre nous, toujours, pour finir... « Quand on aime, monsieur, on ne se pose pas de problème ! Tout est simple ! A dieu vat ! La nave va ! » Oui, oui, ronflement, trafic, douane, perception et taxe au passage...

Je me souviens d'un billet idiot de Xavier griffonné pendant que nous écoutions une interminable et obscure « communication freudienne » :

Dans la gorge d'Eros,
Moelleuse, mais rosse,
Hélas pointe un os :
Thanatos.

Il avait signé : *Bernanos.*

Soyons précis : j'ai quand même fait cinquante kilomètres vers vous, avant de rebrousser chemin et de rentrer ici dans le noir. Il était une heure du matin. Je vous dis tout : j'ai préféré me branler en pensant à vous, à vos doigts, à votre bouche avec et sans morsures. En réécoutant le mot *ça*. Je ne suis pas sûr que vous pourriez le redire *aussi bien*. Je me trompe? Vous ne demandez pas mieux? C'est moi qui ai eu peur? (Vous pouvez bien entendu supprimer ce passage.)

— Simon, rien n'est changé?

(Vous n'êtes pas enrhumée.)

— Mais non. Qu'est-ce qui pourrait l'être?

— Votre envie de finir le récit?

— De toute façon, il est interminable.

— C'est aussi votre avis?

— Content que ce soit le vôtre.

— Il fait très chaud.

(Ne me dites pas que vous voulez venir ici vous baigner!)

— Vous avez monté Olympe?

— Ce matin. Vous vous êtes remis au chinois?

— Il faut que je prépare mes cours.

— Vous avez un sujet?

— Je vais insister sur le Tao. « La tranquillité surmonte la chaleur. »

— Vite dit.

— Lentement, au contraire.

On recommencera, c'est écrit... On recommencera quand j'aurai fini d'écrire. Il n'y aura aucun enregistrement. Personne, et sans doute pas même nous, ne saura ce qui se passe. Regardez comment font les gens. Ils ont leurs rapprochements, leurs effusions, leurs gratitudes, leurs ressentiments réciproques, on n'entend plus, à la limite, qu'un léger égouttement, *ça sèche,* comme l'encre, ici, maintenant. Rien de grave. Ça s'arrange tout seul. Evaporation normale. C'est toujours la mort qui gagne? Pour le dire à coup sûr, il faudrait qu'elle pût perdre (tiens, encore du subjonctif imparfait, comme une compresse, cette fois, une serviette rafraîchissante). Vous avez chaud, mon chéri ? Vous êtes en maillot sur la terrasse ? Sous les arbres ? Un peu vibrante ? *Altérée* ? Le *treize* fait son chemin en vous ? Après la cent onze ? Vous imaginez, dans très longtemps, au cours d'un dîner officiel, que je vous dise soudain : « Ça ne vaut pas la cent onze, le treize » ? Ou encore : « J'ai mon mot à dire » en passant avec vous (nos deux corps voûtés, méconnaissables, argentés, ridés mais encore bizarres, inquiétants, on ne sait pourquoi, le front, le regard) devant un miroir ? Sans parler d'un « donnez-moi ça » abrupt, cavalier, en vous demandant, à table, de me passer le sel, *par exemple* ?

*

— Je vous attends dans la nuit.

En effet, pourquoi faire simple quand on peut faire compliqué ? Il y aura donc *aussi* le dix-sept.

Le scénario est nocturne. J'arrive vers minuit, vous êtes couchée, « endormie », je repars avant le lever du jour. « Comme dans les films d'horreur ? De vampires ? — *Exactement*. »

J'aime quand vous êtes gaie.

Je vous ai donc découverte, après trois heures de route (qui ne mérite rien n'a rien), dans votre lit, sans couverture, sous les draps. Je suis resté de minuit à quatre heures. Tout s'est déroulé en silence, chaleur contre chaleur, mouvements lents, enchaînés, profonds. Vous aviez pris quelque chose ? Rohypnol ? Lexomil ? En tout cas, théâtre d'irresponsabilité : je n'ai pas vraiment vu vos yeux, vos mains m'ont à peine touché, mais votre bouche, votre respiration, votre souffle. Je peux dire que je vous ai aspirée jusqu'à la suffocation, plongée, vingt mille lieues sous les mers, mangeage et noyade, et le reste du temps de dos, vos fesses livrées, « faites de moi ce que vous voudrez ». Je me suis levé une fois pour boire trois verres d'eau, la nuit était fraîche et douce, retour au lit, au travail. Vous avez balbutié des « chéris » (mais oui!), des faux « non », des peut-être faux « oui », de vrais « ah non », des « ah oui », des petites courbes de sons, gémissements serait trop dire, vous êtes même allée jusqu'à me mettre les bras autour du cou, cinq ou six fois, un comble. Je vous ai beaucoup embrassé les poignets, les genoux, la saignée des bras, les oreilles. Je vous ai mordu la nuque de façon à provoquer (c'était idiot, mais j'y tenais) trois ou quatre cris étouffés. Vous avez chuchoté avec beaucoup de satisfaction (il me semble) : « Vous êtes horrible. » Je vous ai tirée, quoi. Vous aviez adopté le rôle « je dors, je suis morte », j'avais à faire la boussole indiquant avec obstination le nord, champ magnétique ressassé, fixe. Je n'avais pas envie de jouir mais de vous enfiler et de vous tringler. C'est ça : rideau, mousseline, poule de coton, cœur de plumes, robe de soie troussée, drap de peau, tabernacle de chichis perlés et trompeurs. Vous savez, le ciboire, avec sa petite construction pyramide... Je vous ai aussi goûtée plus salement, j'ai eu vos cuisses serrées m'enfermant la tête, les fameuses cuisses de nageuse, de monteuse, je vous ai rendu la pression de votre guidage d'Olympe et peut-être (ne soyons pas prétentieux, mais quand même — je vous rappelle que vous pouvez barrer ce qui vous déplaît ou vous paraît faux) quelques bons souvenirs de reptation enfouie avec l'une ou l'autre, la chose dont on ne parle pas, dont il ne faut pas parler, frétillement ramassé, point silex, bout du monde. Je vous ai doigtée, retournée, cambrée (les nerfs du sommeil plus ou moins simulé ont aussi leur fouet de saccades). Vous n'avez pas prononcé mon nom, c'est bien. J'ai dit *Reine,* à voix basse, une fois, bien à fond, un Reine de gland bien ouvert, et là vous n'avez pas pu faire autrement qu'être une fleur tigée, tigrée, un butin corolle. Froid calice, tu m'as senti? (Comme ils ont raison, les puritains de tous bords, d'être fascinés ou révulsés par la messe... Introïbo... Sursum... Je vous ai vue avec votre missel, ça faisait partie du film automatique, cette chapelle à l'abandon, là-bas, à l'extrémité de l'aile droite du château, quel gâchis... Un peu de restauration, que diable, un peu de Viollet-le-Duc!... Sainte Pompadour, tout près, esprit léger des bois et des prés, priez pour nous, perdus avec nos ceintures sur les autoroutes!...) Je ne vous ai laissée que lorsque vous avez répété que vous étiez crevée, « anéantie ». Ou plutôt, c'est là que je me suis laissé venir (« come! », bonjour Leslie!), accord plaqué dans les voûtes, l'organiste vous dit adieu, tous jeux tirés, ogives, piliers... Vous n'avez pas demandé l'heure, mais je vous ai fait boire un grand verre d'eau, rappelez-vous, n'oubliez jamais, bras gauche derrière la nuque, vous, chatte pâle, sonnée, jambes repliées, *comme vous sentiez bon,* ma jolie... Après quoi, j'ai dû vous manger encore les joues pendant un quart d'heure (sûrement en vous esquintant le visage, barbe, barbe-bleue, placard des pendues)... Surtout, partir avant le soleil... Eh bien, vous vous êtes vraiment endormie contre moi... Et que ça se tourne, et que ça s'aplatit contre l'oreiller retapé... Je vous tiens la main, je touche vos pieds froids... Je vous couvre... Je ferme bien la fenêtre... Je me faufile comme je suis venu dans le grand escalier aux portraits (mes hommages, duchesse ; mes respects, monsieur le capitaine des gardes)... Land Rover, je suis ici à huit heures et demie, matin rose, mouettes dans le pommier, marée nacre... Douche et café... Je tombe mort sur mon lit, c'est dit.

*

Si, j'ai quand même fait un détour par Menars, c'est à côté, histoire de marquer les choses. Gris, rose et blanc, aube sur les jardins Marigny... Aucune raison de priver votre *étrange touriste*... Et maintenant, marquise ? Quel chiffre a votre préférence ? Cent onze ? Treize ? Dix-sept ? Je dirai que chacun a son charme, ne mettons pas tout, à la romantique, sur le dix-sept... Quoique... Dans le style morceau de bravoure... Je ne m'attendais pas, avec vous, à des épisodes particulièrement reposants... Le treize vous a fatiguée davantage ? C'est paradoxal et normal. La journée du dix-huit n'a pas existé pour moi : je me suis levé dans l'après-midi, vent du nord, gris tempête, j'ai replongé dans la nuit, j'écris ces lignes face au vent à sept heures du matin... Les roses trémières tiennent debout je ne sais comment, elles ne plient presque pas, elles trémulent à peine dans l'ouragan... J'ai bu mon café, j'ai mangé mon miel, je ferai ici la publicité gratuite de celui des Charentes, un pot à l'étiquette blanche gravée de lettres d'or, monsieur Plisson Marc, apiculteur-producteur à Clavette 17220, poids net 500 g, Fleurs de Printemps ou Toutes Fleurs d'Eté. Il y a une ruche dorée et trois abeilles d'or de chaque côté, goûtez-le, ce miel de Clavette, il est délicieux, parole d'ours sur son radeau battu par les vagues. Je vous le recommande au réveil. Je ne vois plus que les pattes de ces six abeilles : « Percevoir ce qui est petit, c'est avoir la vision ; s'en tenir au faible, c'est être fort. » Le vent doit être force cinq ou six... Dites-moi, on s'est connus en plein naufrage, c'est très chic, ça, une planche, un baril, une rame, un tabouret, un pneu... Un pot de miel!... Vous pouvez nager de votre côté? Respirez bien! *Tenir,* tout est là! La côte n'est pas si loin! Je la sens entre deux rafales! Courage!

Pour ce soir, je demanderai à Mag Wolf de me cuisiner une dorade au sel. Grand dîner tout seul, bougies, fête.

Oui : la cent onze, le treize, le dix-sept? Pour bien juger, à présent, il faudrait que nous recommencions le treize. A Paris, d'accord? Chez vous, à Monceau. Un dimanche après-midi, tiens, ce serait agréable (je viens de mettre des coussins contre la porte-fenêtre pour être moins envahi par le sifflement de l'air). Un dimanche bien vide et bien calme. Dans le salon, devant le lys d'or. Je pourrais le tenir de la main gauche, après tout, le tableau ne serait pas mal... Bon, ne parodions pas trop. C'est la gaieté, Reine, rien que la gaieté insubmersible, bouffée par le vent... Joie des poissons pour tous les temps, là-bas, invisibles, fourmillant au large... Les mouettes et les canards sont venus se réfugier contre la maison. J'ai de nouveau étalé devant moi les pièces de grand-père... Ancêtres, marionnettes... Descendants nous trouvant guignols à leur tour... Dédale, furet, jeu d'éclairs... Naufrage cruel et charmant. Fleurs d'anges?

— Vous aviez de l'orage?

(Un peu enrhumée.)

— A fond. Ça s'arrange.
— Ici, rien, très beau. Je rentre à Paris et je descends dix jours en Corse.
(Le déjà-mari est en Corse?)
— Buvez au moins un verre d'eau en pensant à moi.
— C'est déjà fait.
— Encore un ou deux.
— Promis. La pensée viendra toute seule. Vous êtes de nouveau sorti en barque?
— Oui, mais sans radio.
— Pour ne pas déranger les poissons?
(Léger tremblement.)
— Voilà.

*

Je m'aperçois que j'ai oublié, dans mes comptes, de reparler des trois coups de téléphone silencieux de l'année dernière, après la cent onze. Ils ont pourtant autant de relief que le treize et le dix-sept. Trois coups de semonce, j'allais dire de semence. Très noirs. Très *Flûte*... Vous en Reine de la Nuit, vocalises de mutisme suraigu à distance... J'ai parlé de votre truffe, de votre lunule, de votre boutonnière, ne sachant pas, finalement, quel mot exact employer pour l'*anuit*. Pour l'annuaire : j'allais encore déraper et écrire l'annulaire... Le langage est mal fait, élémentaire, toujours trop groupé et abstrait. Vous voulez décrire l'anus? Dites l'anus. Un chat est un chat. Mais non, c'est autre chose... Le *trou*? Mais non, pas si gros... On est bien obligé d'inventer des termes quand la sensation est vivante. « Les termes vraiment termes sont autres que des termes constants »... Le *tru* serait mieux... Truffe est d'ailleurs également trop massif (au pied des chênes en hiver, les truffes! au pied des rouvres! Mais il y a aussi celle des chiens...). Que je vous aie pourtant *truffée* ne me paraît pas douteux. Il me faut la racine *tr*. Et aussi *lu*. Et *nu*. Trune, comme prune. Lunette, lunulette, trunette, truffunette... Quelque chose qui puisse se craber, se pincer, correspondre à un mouvement fermé de pensée... A une répercussion sevrée... Et en même temps, reine de la truie, reine cochonne au plus haut du cri, reine de la trunuit, pas à prendre avec des pincettes... Traîne, traîneau, Tamina, Tamino (on entend étamines)... Pardon, je me perds... En réalité je voulais donner idée du bouton-pression, poignets, cols, bouts des bras et du torse, en distinguant bien les deux prises, femelle et mâle, derrière et devant, fesses et ouverture des cuisses. « J'ai mon mot à dire », « donnez-moi ça » : il y a là deux corps, deux mondes, deux langues, mais c'est un tissage, un échange, une traduction confuse, le meilleur philologue s'égare, le physiologiste a ses moments de lapsus... Pas facile à diriger, l'opéra, il faut changer de baguette... Vous donnez quoi, cet été? *La Flûte enchantée*? En festival privé? Pour deux personnes? Pardon, quatre; vous; moi; vous par rapport à vous; moi par rapport à moi... Les cordes un peu plus serrées, s'il vous plaît... Travaillez l'attaque... On reprend à treize... A dix-sept... Partition-lutrin... Allez, le soleil, la lune... Ciel bleu, ciel noir... On revient sur cent onze... Plus enlevé... Quintette...

On a beaucoup répété par téléphone, question technique. Le son sans l'image, l'image à partir du son. Les trois coups, c'était la présence hiéroglyphique sans le son ni l'image, comme dans un théâtre où le rideau s'ouvrirait sur rien. Rien? Non, vous êtes là dans la nuit, veilleuse, attentive, c'est à vous d'en dire plus s'il y a lieu. Truffunette contractée? Pistil en alerte? Sec? Effleuré? Flatté? Carrément humide et touché? On manque d'appareil à mesurer le silence. L'enchantement du silence : opéra en trois coups de fil au cœur de l'été. Ecrire, c'est faire sentir des silences. Celui qui sait ne parle pas ; celui qui parle ne sait pas. On écrit directement dans la réalité, roman jamais vu, il me semble. Pas besoin de feindre qu'il y a un lecteur dehors : il n'y en a jamais eu, il n'y en aura jamais. Dieu n'existe pas, sauf dans son box, bien tranquille, avoine, mangeoire ultra-moderne, confort. Sortie dans les grandes occasions. Balade dans les fleurs d'entrailles. Il est aussi croupier à la roulette, dieu. Faites vos jeux, rien ne va plus : le treize! le dix-sept! la cent onze! Mais dites-moi, cher monsieur, vous faites sauter la banque! Vous avez une veine de pendu, de cocu (proverbes significatifs, soit dit en passant). Archange de tapis vert! Madonneur de sleepings! Juments à cœur, trèfle, carreau, pique! On va vous interdire l'établissement si ça dure! Vous avez besoin d'un *handicap*, nous allons y pourvoir! De doublures pour brouiller les cartes, clones, sosies, répliques, remplaçants, succédanés, ersatz!

Dans la gorge d'Eros,
Moelleuse, mais rosse,
Hélas pointe un os :
Thanatos.

Non, nous ne sommes pas allés au cimetière sur la tombe de votre père. Non, nous n'avons pas ouvert *Juliette* aux endroits que vous aviez repérés. Tout est allé vite comme la flamme. Et maintenant, je suis de nouveau sous mon acacia préféré, léger vent, soleil tamisé, ombre tiède. Il est neuf heures du matin. La journée s'annonce belle et bleue, remplie à ras bord, sans histoire. Table blanche et blanc du papier; blanc sur blanc du blanc bien filtré. Odeur de lavande. « Il place son corps en marge, et pourtant il est préservé. » Du chinois en Touraine, reconnaissez que ce n'était pas évident. « La plus grande image n'a pas de forme, le plus grand carré n'a pas d'angle. » J'ai seulement amené un peu de temps et d'océan jusqu'à vous —.

VI

La sixième partie manque. A moins d'une intention délibérée de composition, il est difficile de savoir si elle a été écrite ou non.

Dans le premier cas, elle a été censurée par la commanditaire ou, d'un commun accord, par la commanditaire et le narrateur.

Dans le second, le narrateur a jugé que la suite n'était pas à dire, et que son contrat prenait fin.

Par quelles voies et dans quel état ce manuscrit nous est parvenu et pourquoi nous le publions est une autre affaire. Elle est sans rapport avec ce qui est évoqué à un moment du récit.

Au manuscrit était jointe une note : « Préciser que le lys d'or a été donné au narrateur. »

Ainsi que deux formules du *Livre de la Voie et de la Vertu*.

La première : « Quand il réussit, il s'identifie au succès ; quand il échoue, il s'identifie à l'échec. »

L'autre : « Retirer son corps quand l'œuvre est accomplie, telle est la Voie du Ciel. »

C'est tout.

DU MÊME AUTEUR

Aux Éditions Gallimard

FEMMES, roman
PORTRAIT DU JOUEUR, roman
THÉORIE DES EXCEPTIONS
PARADIS II, roman
LE CŒUR ABSOLU, roman
LES SURPRISES DE FRAGONARD
LES FOLIES FRANÇAISES, roman
LA FÊTE À VENISE, roman
IMPROVISATIONS

Dans la collection l'Imaginaire

DRAME, roman

Aux Éditions Quai Voltaire

SADE : CONTRE L'ÊTRE SUPRÊME

Aux Éditions Plon

CARNET DE NUIT

Aux Éditions de la Différence

DE KOONING, VITE

Aux Éditions 1900

PHOTOS LICENCIEUSES DE LA BELLE ÉPOQUE

Aux Éditions du Seuil

Romans :

UNE CURIEUSE SOLITUDE

LE PARC

NOMBRES

LOIS

H

PARADIS

Essais :

L'INTERMÉDIAIRE

LOGIQUES

L'ÉCRITURE ET L'EXPÉRIENCE DES LIMITES

SUR LE MATÉRIALISME

Aux Éditions Grasset, collection *Figures* (1981) *et aux Éditions Denoël,* collection *Médiations*

VISION À NEW YORK, entretiens

Préface à :

Paul Morand, NEW YORK, *GF Flammarion*

Impression Bussière à Saint-Amand (Cher),
le 23 mai 1991.
Dépôt légal : mai 1991.
Numéro d'imprimeur : 1414.
ISBN 2-07-038392-X./Imprimé en France.

52833